ニッポン人のための

TOKYOぶらり再発見

なぜか外国人が集まる注目スポット50

楽」編集部 著

JN182846

メイツ出版

今いちばん楽しい

トーキョー

知ってますか？

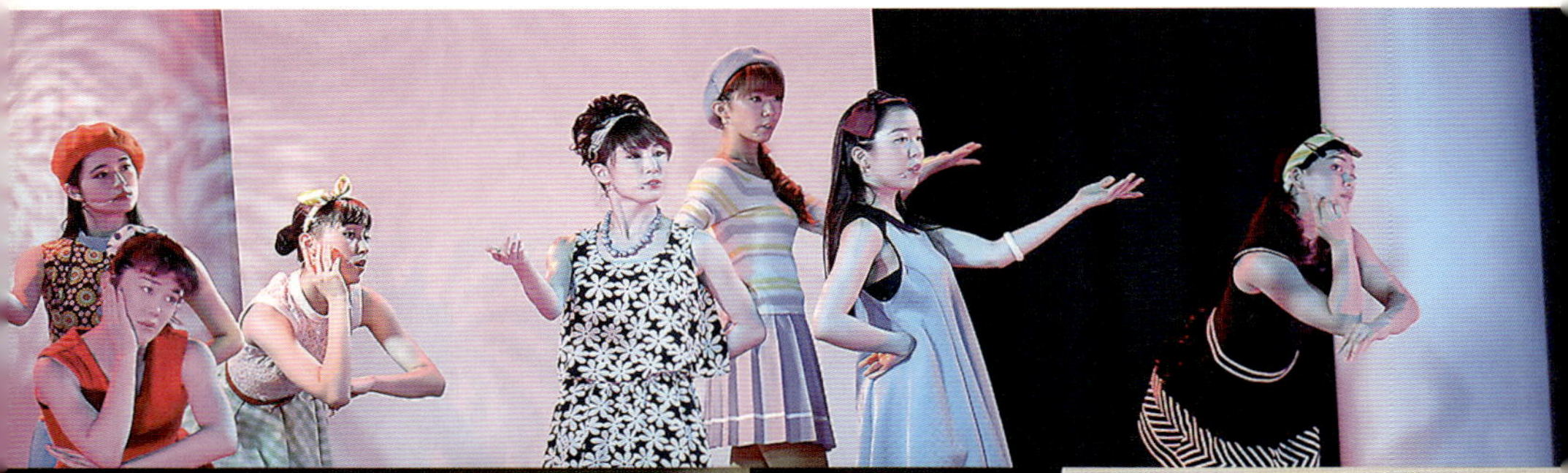

東京は、日本人からすると「なぜここに外国人が注目？」というスポットや、外国人から人気と聞いて改めて魅力を再発見できるスポットに溢れています。伝統文化体験、レトロな遊園地、卸売市場、浅草のレビュー…。“カワイイ”“オイシイ”は万国共通のキーワード。本書はユニークな視点で、よりディープに“クールジャパン”を楽しむガイドです。

目次

ニッポン人のためのTOKYOぶらり再発見
なぜか外国人が集まる注目スポット50

はじめに …… 2
目次 …… 4
TOKYO MAP …… 6
本書の見方・使い方 …… 10

Tradition & History
日本の伝統・歴史に触れる …… 11
福徳神社（見学） …… 12
橋楽亭（体験） …… 14
凧の博物館（見学） …… 16
春花園BONSAI美術館（体験） …… 18
江戸小紋 染め体験（体験） …… 20
国立劇場（見学） …… 22
明治神宮（見学） …… 24
江戸城跡（見学） …… 26
浜離宮恩賜庭園（見学） …… 28
お茶の水 おりがみ会館（体験） …… 30
玉川大師（見学） …… 32
すみだ江戸切子館（体験） …… 34
浅草文化観光センター（体験） …… 36
レンタル着物（体験） …… 38
写経・坐禅体験（体験） …… 40
日本武道館（見学） …… 42
増上寺（見学） …… 44

外国人に人気の土産 BEST5
仲見世 助六 編 …… 46

Tokyo foods
東京の食を味わう …… 47
まい泉 青山本店（体験） …… 48
鳥貴族（体験） …… 50
ちゃんこ料理（体験） …… 52
思い出横丁（体験） …… 54
アメ横商店街（買い物） …… 56
築地市場（見学） …… 58
大東京綜合卸売センター（見学） …… 60
谷中銀座商店街（買い物） …… 62

デパ地下（買い物）……64
富士そば（体験）……66
回転寿司（体験）……68
びすとろUOKIN 新橋店（体験）……70
外国人に人気の土産BEST5 かまわぬ 代官山 本店 編……72

Enjoy the modern Tokyo
現代の東京を楽しむ……73
日暮里繊維街（買い物）……74
しながわ水族館（見学）……76
東京シティビュー（見学）……78
舟遊び（体験）……80
御岳山（体験）……82
かっぱ橋道具街®（買い物）……84
奥多摩（体験）……86
大井競馬場（東京シティ競馬）（体験）……88
池袋防災館（見学）……90
原宿・表参道（体験）……92
秋葉原探検（体験）……94
サンリオピューロランド（体験）……96
東京キャラクターストリート（買い物）……98
外国人に人気の土産BEST5 KIDDY LAND 原宿店 編……100

More interesting spots in TOKYO
ディープな東京を楽しむ……101
アミューズカフェシアター（体験）……102
お台場（体験）……104
日本みやげ自販機（買い物）……106
忍者体験（体験）……108
ロボットレストラン（体験）……110
西武園ゆうえんちフィッシンググランド（体験）……112
木馬館大衆劇場（体験）……114
カプセルホテル（体験）……116
銭湯（体験）……118
学園祭（体験）……120
カラオケバー（体験）……122
上野こども遊園地（体験）……124
索引……126
奥付……128

野田市
大宮
与野
東川口
南越谷
南浦和
春花園 BONSAI 美術館 >P.18
レンタル着物 マイン北千住店 >P.38
赤羽
松戸
金町
銭湯〈稲荷湯 〉>P.118
北千住
池袋防災館 >P.90
日暮里
01
江戸小紋 染め体験〈富田染工芸〉>P.20
上野
新小岩
06
02
吉祥寺
秋葉原
亀戸
03
東京
明大前
渋谷
04
学園祭〈東京外国語大学〉>P.120
05
五反田
お台場 >P.104
品川
登戸
自由が丘
二子
玉川
玉川大師 >P.32
大井競馬場 >P.88
しながわ水族館 >P.76
川崎
新横浜
横浜

TOKYO MAP
坂戸
川越
高麗川
飯能
西武園ゆうえんち フィッシングランド >P.112
奥多摩 >P.86
御嶽
青梅
所沢
御岳山 >P.82
秋川
拝島
立川
国分寺
大東京綜合卸売センター >P.60
府中
サンリオピューロランド >P.96
高幡不動
八王子
高尾
多摩センター
町田
長津田
大和
厚木

01 日暮里～上野～浅草
谷中銀座商店街 >P.62
日暮里繊維街 >P.74
三ノ輪
日暮里
鳥貴族　日暮里店 >P.50
千駄木
写経・坐禅体験〈全生庵〉>P.40
つくばエクスプレス
日比谷線
JR山手・京浜東北線
鶯谷
入谷
忍者体験〈花やしき流忍者体験道場〉>P.108
京成線
隅田川
東大前
根津
千代田線
アミューズカフェシアター >P.102
上野公園
木馬館大衆劇場 >P.114
南北線
上野こども遊園地 >P.124
上野
かっぱ橋道具街 >P.84
浅草
浅草寺
銀座線
アメ横商店街 >P.56
稲荷町
とうきょうスカイツリー
押上
浅草
田原町
湯島
御徒町
浅草文化観光センター >P.36
本所吾妻橋
都営大江戸線
新御徒町
都営浅草線

水道橋
お茶の水 おりがみ会館 >P.30
末広町
飯田橋
JR山手・中央線
名代富士そば　秋葉原電気街店 >P.66
東西線
都営三田線
御茶ノ水
秋葉原
新御茶ノ水
秋葉原探検〈アキバディープトラベル〉>P.94
神保町
岩本町
九段下
都営新宿線
淡路町
小川町
馬喰町
日本武道館 >P.42
千代田線
馬喰横山
神田
竹橋
半蔵門線
福徳神社 >P.12
小伝馬町
新日本橋
橋楽亭 >P.14
江戸城跡〈皇居東御苑〉>P.26
舟遊び〈日本橋船着場〉>P.80
大手町
人形町
国立劇場 >P.22
三越前
東京キャラクターストリート >P.98
東西線
日本橋
東京
東京
凧の博物館 >P.16
茅場町
二重橋前
デパ地下〈高島屋日本橋店〉>P.64
永田町
丸ノ内線
JR横須賀線
銀座線
日比谷線
桜田門
京橋
都営浅草線
宝町
有楽町
日比谷
八丁堀
JR京葉線
国会議事堂前
日比谷公園
霞ケ関
丸ノ内線
銀座一丁目
有楽町線
溜池山王
銀座
02 秋葉原～日本橋～銀座

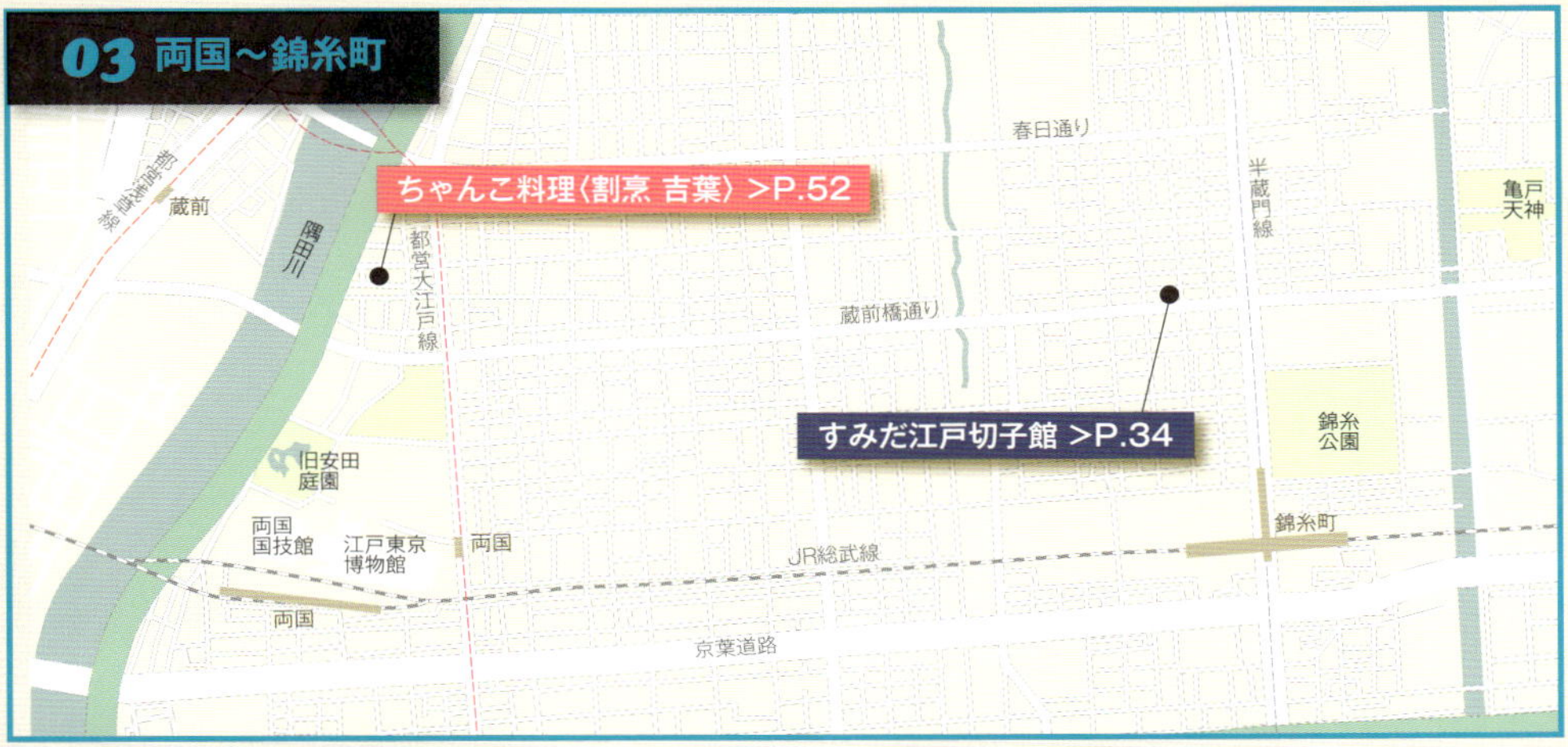
03 両国〜錦糸町
ちゃんこ料理〈割烹 吉葉〉>P.52
すみだ江戸切子館 >P.34
春日通り
半蔵門線
亀戸天神
蔵前
隅田川
都営大江戸線
蔵前橋通り
錦糸公園
旧安田庭園
両国国技館
江戸東京博物館
両国
錦糸町
JR総武線
両国
京葉道路

06 渋谷〜原宿〜新宿
西早稲田
副都心線
JR中央線
西武新宿線
大久保
新大久保
カプセルホテル〈グリーンプラザ新宿〉>P.116
東新宿
都営大江戸線
丸ノ内線
西武新宿
西新宿
新宿西口
ロボットレストラン >P.110
思い出横丁 >P.54
新宿
新宿三丁目
都営新宿線
西新宿五丁目
新線新宿
新宿御苑前
新宿御苑
南新宿
代々木
千駄ヶ谷
初台
国立競技場
まい泉 青山本店 >P.48
参宮橋
小田急線
明治神宮 >P.24
原宿・表参道 >P.92
代々木八幡
代々木公園
明治神宮前
千代田線
日本みやげ自販機
〈和雑貨 渋谷丸荒渡辺〉>P.106
表参道
JR山手線
半蔵門線
銀座線
駒場東大前
渋谷
回転ずし〈元気寿司　渋谷店〉>P.68

04 銀座〜新橋
日比谷
有楽町
銀座一丁目
宝町
八丁堀
丸ノ内線
都営三田線
銀座
銀座線
日比谷線
JR京葉線
新富町
有楽町線
東銀座
内幸町
都営浅草線
築地
築地市場 >P.58
新橋
築地市場
月島
ぴすとろ UOKIN　新橋店 >P.70
汐留
JR山手線
都営大江戸線
勝どき
大門
ゆりかもめ
浜離宮恩賜庭園 >P.28
浜松町
竹芝

05 浜松町〜六本木
霞ケ関
銀座線
虎ノ門
内幸町
千代田線
乃木坂
日比谷線
都営大江戸線
南北線
六本木一丁目
都営三田線
六本木
神谷町
都営浅草線
御成門
カラオケバー〈FIESTA〉>P.122
麻布十番
大門
浜松町
赤羽橋
芝公園
東京シティビュー >P.78
増上寺 >P.44
JR山手線
三田
JR横須賀線
田町

How to use

本書の見方・使い方

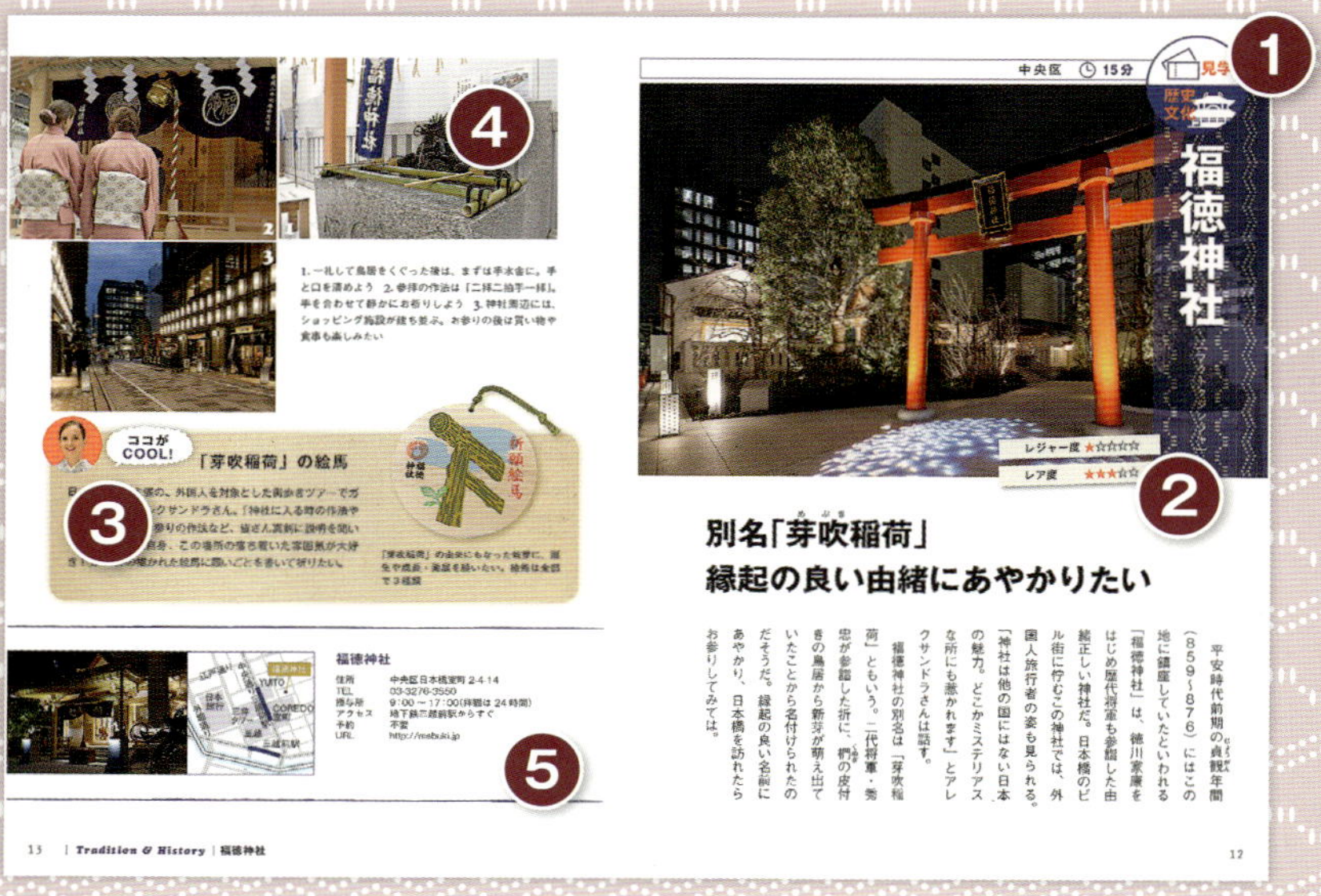

④ サブカット

スポットの楽しみ方や見所を
写真付きで解説

⑤ インフォメーション

住所・連絡先・交通アクセス・
地図など、そのスポットの
基本情報を紹介

※本書に掲載しているデータは 2015 年 9 月のものです。営業時間や休業日などは変更される場合がありますので、店舗・施設にご確認ください。

① ジャンル／エリア／所要時間

スポットがある地区とジャンル、
大まかな所要時間を表記

② レジャー度・レア度

レジャー度とレア度を
星印の数で紹介

③ ココが COOL!

見逃せないおすすめポイント、
または知っておきたいスポットの歴史やエピソードを紹介

Tradition & History

日本の伝統・歴史に触れる

日本人なら日本の歴史や文化は知っておきたいもの。ここでは、外国人の皆さんが興味深く感じている、日本の歴史や伝統文化をご紹介します。

8カ国語(日・英・伊・仏・露・アラブ語・ウクライナ語・北京語)で日本橋の魅力を発信している「日本橋案内所」のスタッフたち。日本橋ツアーのガイドも務めているため、街や老舗の歴史から穴場スポットまで、日本橋のことなら彼女たちにおまかせ。

福徳神社

【フクトクジンジャ】

レジャー度 ★☆☆☆☆

レア度 ★★★☆☆

別名「芽吹《めぶき》稲荷」
縁起の良い由緒にあやかりたい

平安時代前期の貞観《じょうがん》年間（859〜876）にはこの地に鎮座していたといわれる「福徳神社」は、徳川家康をはじめ歴代将軍も参詣した由緒正しい神社だ。日本橋のビル街に佇むこの神社では、外国人旅行者の姿も見られる。「神社は他の国にはない日本の魅力。どこかミステリアスな所にも惹かれます」とアレクサンドラさんは話す。

福徳神社の別名は「芽吹稲荷」ともいう。二代将軍・秀忠が参詣した折に、椚《くぬぎ》の皮付きの鳥居から新芽が萌え出ていたことから名付けられたのだそうだ。縁起の良い名前にあやかり、日本橋を訪れたらお参りしてみては。

2

1

3

1. 一礼して鳥居をくぐった後は、まずは手水舎に。手と口を清めよう　2. 参拝の作法は「二拝二拍手一拝」。手を合わせて静かにお祈りしよう　3. 神社周辺には、ショッピング施設が建ち並ぶ。お参りの後は買い物や食事も楽しみたい

ココが COOL!

「芽吹稲荷」の絵馬

日本橋案内所主催の、外国人を対象とした街歩きツアーでガイドも務めるアレクサンドラさん。「神社に入る時の作法や手水の使い方、お参りの作法など、皆さん真剣に説明を聞いてくれます。私自身、この場所の落ち着いた雰囲気が大好き！」。新芽の描かれた絵馬に願いごとを書いて祈りたい。

「芽吹稲荷」の由来にもなった新芽に、誕生や成長・発展を願いたい。絵馬は全部で３種類

福徳神社

住所	中央区日本橋室町 2-4-14
TEL	03-3276-3550
授与所	9：00 ～ 17：00（拝観は 24 時間）
アクセス	地下鉄三越前駅からすぐ
予約	不要
URL	http://mebuki.jp

橋楽亭

【キョウラクテイ】

レジャー度 ★★★★☆

レア度 ★★★☆☆

老舗の集まる日本橋で日本文化にふれる

宴会や打合せ、落語や文楽など伝統芸能の公演の場としても利用されている、和のレンタルスペース「橋楽亭」。三越前駅直結と、アクセス抜群のCOREDO室町3・3階にあるここでは、「着物を着てみたい」「茶道のお抹茶を飲んでみたい」、そんな希望を持つ外国人に向けて「OMOTENASHI EXPERIENCE」を実施している。浴衣や着物の着付け、茶道のお点前や芸者さんの踊りなど、英語での説明付きで日本文化にふれることができる。

もちろん日本人のみでも利用できるので、江戸の面影を残す日本橋で、伝統文化に浸ってみてはいかがだろう。

1. 凛とした空気が漂う茶道のお点前　2. 日本橋人形町の芳町芸者。橋楽亭ではお座敷あそびも体験できる
3. 橋楽亭に隣接した茶室「囲庵《めぐりあん》」。水屋も備えているため、ここでお茶会が開かれる事も

〈OMOTENASHI EXPERIENCE〉

・TIME TO GEISHA（お座敷遊び）
　毎月第２土曜日　18：00 ～ 19：00
・THE WAY OF TEA（茶道体験）
　毎週木・土曜日　13：00 ～ 14：00、14：30 ～ 15：30

料金は共に 5,500 円
お問い合せ（新日屋 TEL 03-5652-5403）

ココが
COOL!

お抹茶

「日本文化を気軽に体験できるのが嬉しい」とオダさん。現代人には縁遠くなった日本文化に気軽にふれられるのが橋楽亭の醍醐味。茶碗、茶器などお茶を点てるための道具、床の間に飾った軸や花など、その全てで季節感やもてなしの心を表す茶道は、総合芸術といわれている。心を落ち着けて、和菓子とお抹茶を味わいたい。

丁寧に作法を教えてくれるので
初心者でも安心

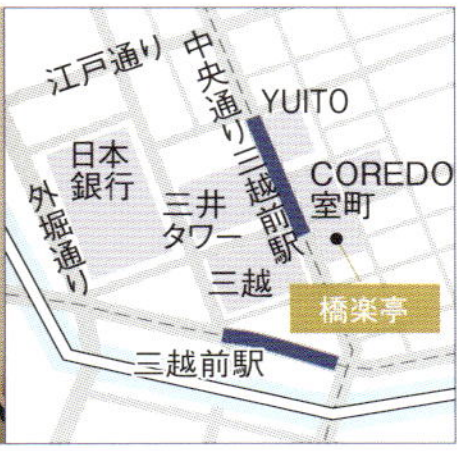

橋楽亭

住所	中央区日本橋室町 1-5-5 COREDO 室町 3 3F
TEL	03-5200-3210
営業時間	10：00 ～ 21：00
定休日	不定休
アクセス	地下鉄三越前駅直結
予約	要
URL	http://www.nihonbashi-hall.jp/kyoraku-tei/

凧の博物館
【タコノハクブツカン】

レジャー度 ★★★☆☆

レア度 ★★★★★

洋食に舌鼓を打った後は、世界の凧めぐりを楽しもう

昭和6年に創業した、日本橋の老舗洋食店・たいめいけん。名物のタンポポオムライスや、60年以上も価格据え置きのコールスローやボルシチ（どちらも50円）はぜひ試してほしい逸品だ。

食事を楽しんだ後は、エレベーターで5階に行ってみよう。そこは世界中の凧が集められた「凧の博物館」になっている。所蔵する凧はおよそ3000点。国ごとに異なる凧の形や、江戸時代から現代まで凧が進化していく歴史など、外国人だけでなく日本人にとっても新鮮な驚きがあるのだそう。家族で訪れても楽しめる、知る人ぞ知る面白スポットだ。

1. 地吹雪に負けないよう、竹ではなく檜葉《ひば》でできた青森の凧など、日本各地の凧が吊るされている　2. こちらのコーナーは世界各国の凧を展示　3. 映画『タンポポ』のために考案された「たいめいけん」のタンポポオムライス

ココが COOL!

色鮮やかな江戸凧

「日本の伝統的な凧が見られるのが面白い」と話すアリアさん。こちらにある江戸凧は、名人・橋本禎造氏が描いたものだ。たいめいけんの初代で、「日本凧の会」初代会長でもあった茂出木心護氏の交友関係は広く、橋本氏の貴重な江戸凧が数多く飾られている。

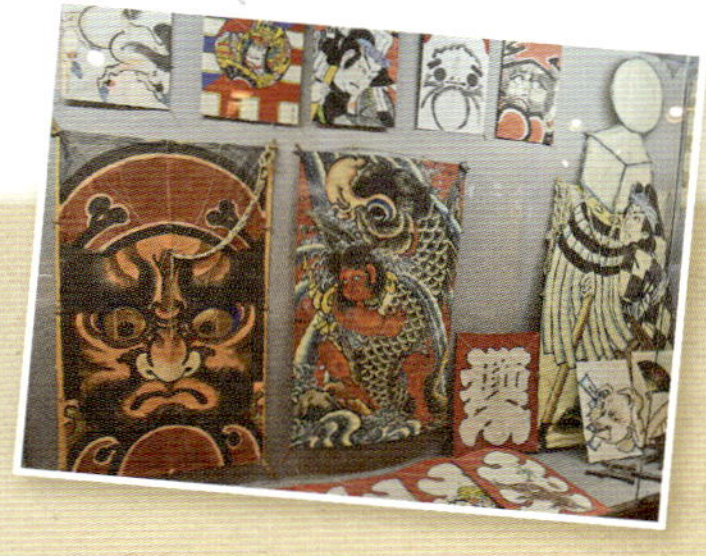

楠正成や伊達政宗などの武将や、歌舞伎役者、歌舞伎の一場面などを大胆な構図で描いた橋本氏。今なお江戸凧ファンから愛される存在だ

凧の博物館

住所	中央区日本橋 1-12-10 5F
TEL	03-3275-2704
開館時間	11：00 ～ 17：00
定休日	日・祝日
アクセス	地下鉄日本橋駅より徒歩 2 分
予約	不要
URL	http://www.taimeiken.co.jp/museum.html

春花園BONSAI美術館

【シュンカエンボンサイビジュツカン】

レジャー度 ★★☆☆☆

レア度 ★★★★☆

日本文化の小宇宙、盆栽
海外の人から熱い視線

今、「BONSAI」は世界共通語となっている。世界中の人々がその美しさに魅了されていることに、日本人が逆に驚くという。

「春花園BONSAI美術館」は盆栽作家の小林國雄さんが、私財10億円を投じて2002年に開館した。800坪の敷地に数寄屋建築の母屋や茶室、庭園が配され、樹齢数千年のものや1億円を超える名品など、その数1千余鉢の盆栽を展示している。春花園ではただ盆栽を並べるのではなく、鉢や掛軸などの設えを含めた床の間の美しい飾り方を見せてくれる。日本文化の美が凝縮されている盆栽。その素晴らしさを改めて教えてくれる美術館だ。

1. 入園料は 800 円。年間 1 万人に上る外国人観光客が訪れる。一日体験教室も開催（1 回 3,000 円）。盆栽、道具は全て教室で用意する。所要 1 時間。10 時、13 時、15 時から。電話もしくはメールにて予約可能　2. 庭園の池には錦鯉が悠然と泳ぐ　3. 床の間は 3 つあり、それぞれにふさわしい設えが配される

ココが
COOL!

悠久の時を秘める

樹齢数百年や千年という、気の遠くなるような歳月を生きてきた盆栽。美しさの中に厳しさを秘め、静かに佇むその姿に、人は惹かれるのであろう。「西洋のガーデニングは足りないところを付け加える足し算の世界。一方、盆栽は削ぎ落とす美。そこが神秘的、ファンタスティックであると外国人は感嘆の声をあげますね」と小林さん。

春花園には樹齢数千年を超える
盆栽が展示されている

春花園 BONSAI 美術館

住所	江戸川区新堀 1-29-16
TEL	03-3670-8622
開園時間	10：00 ～ 17：00
定休日	月・祝日
アクセス	JR 小岩駅よりバス 15 分
予約	不要
URL	http://kunio-kobayashi.com

江戸小紋 染め体験

【エドコモン ソメタイケン】

レジャー度 ★★★☆☆

レア度 ★★★★☆

ちょっと意外な新宿の一面!?
受け継がれる江戸の技

「新宿」と聞くとネオン輝く不夜城をイメージする人も多いはず。しかし、神田川の清流が流れる新宿区は、最盛期には２００軒、現在でも70軒以上の染物屋が点在する染物の町でもある。

型紙と糊で染める「江戸小紋」。生地に刷毛で直接染め付け、染めを重ねることで奥行きのある色合いを生み出す「江戸更紗」。西早稲田にある、１５０年の歴史を持つ「富田染工芸」は、この伝統的な技法をどちらも受け継いでいる、数少ない染物屋の一つだ。江戸小紋の染め体験では多くの外国人が、興味深げに参加している。工房まで、のどかな清流沿いを歩くのも楽しい。

1. 江戸小紋を染めるのに使う伊勢型紙。工房にはおよそ12万枚もの型紙が保管されている　2. 江戸小紋は、地色と柄のコントラストが特徴。遠くから見れば無地に見え、粋な江戸っ子たちのお洒落心をくすぐった。このストールのように、一枚の布の表裏を別の柄で染めるには高度な技術を要する　3. 染め体験は簡単そうに見えるが、やってみると意外と難しい

〈型付け体験〉2,000円～　染めた布は小《こ》裂《ぎれ》か袱《ふく》紗《さ》に仕上げてもらえる

ココが COOL!

点在する染物屋

京都、金沢と並んで、「日本三代染物」と呼ばれる東京の染物。神田川の清流沿いには富田染工芸をはじめ、伝統を受け継ぐ染物屋が点在している。川沿いをしばし歩けば、新宿区が「染物のまち」たる所以が分かるだろう。

富田染工芸前の川沿いの小径。
ぶらっと散歩気分で訪れてみては

富田染工芸

住所	新宿区西早稲田 3-6-14
TEL	03-3987-0701
営業時間	10：00 ～ 12：00、13：00 ～ 16：00
定休日	土・日・祝（臨時休業あり）
アクセス	都電荒川線早稲田駅より徒歩5分
予約	要

見学

歴史文化

国立劇場

【コクリツゲキジョウ】

レジャー度 ★★★★★

レア度 ★★★☆☆

Discover KABUKI！
日本の伝統芸能・歌舞伎を堪能

日本の伝統芸能である歌舞伎への訪日外国人の関心は高い。国立劇場では公演毎に英語のイヤホンガイド機器が貸し出され喜ばれているという。

国立劇場では毎年、わかりやすい解説とリーズナブルな料金が好評の「歌舞伎鑑賞教室」を開催しているが、2015年からは新たに「外国人のための歌舞伎鑑賞教室」を始めた。「歌舞伎のみかた」では英語と日本語を交えて歌舞伎の魅力を解説。また通常の日本語と英語のイヤホンガイドに加え、中国語と韓国語の同時通訳イヤホンガイドも。外国人の友達を連れて行けば、最高の〝おもてなし〟になるだろう。

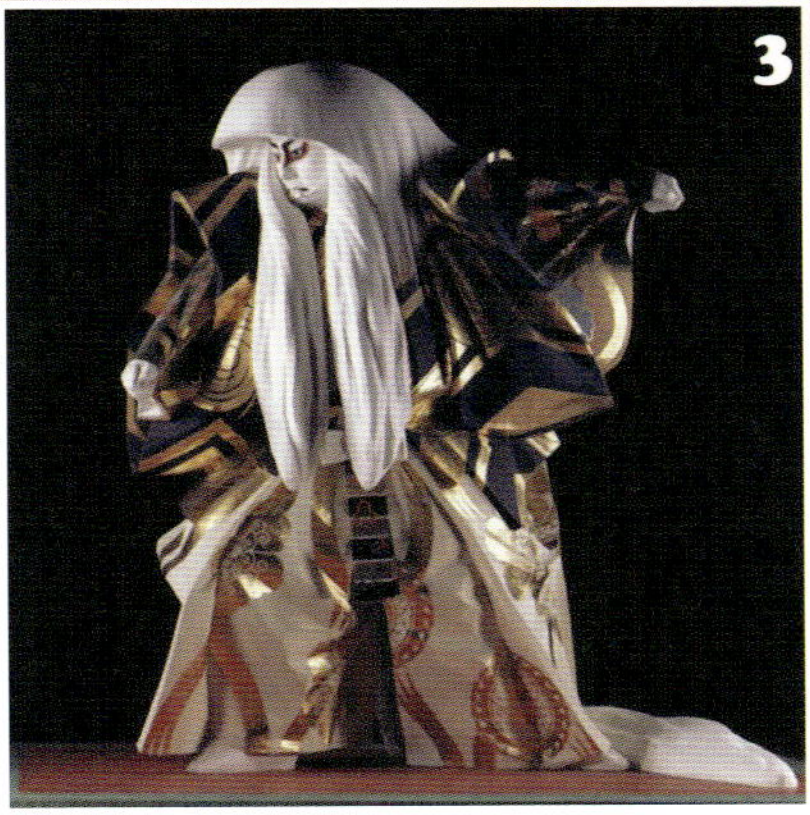

1. 定式《じょうしき》幕が開け、期待感が高まる瞬間。「歌舞伎鑑賞教室」（「外国人のための歌舞伎鑑賞教室」含む）は毎年６月·７月に開催予定。詳細はお問い合わせを　2. 大劇場の正面入口を入ると、３階までの吹き抜けのロビーが広がる　3. ロビーでは彫刻家・平櫛田中作「鏡獅子」を展示。観客を伝統芸能の世界へと誘う

ココが COOL!

見事な桜の庭

国立劇場のすぐ目の前は皇居（旧江戸城）のお濠。公演の前後に時間があれば、ぜひ散策してみよう。劇場の前庭には駿河桜、駿河小町、小松乙女、神代曙、仙台屋などの珍しい桜の木が植えられており、春になると見事な花が咲き誇る。「さくらまつり」の期間中は、床机と野点傘を並べたお休み処でほうじ茶を無料サービス。

歌舞伎を彩る桜の庭

国立劇場

住所	千代田区隼町 4-1
TEL	03-3265-7411（代）
営業時間	公演によって異なる
定休日	年末年始、創立記念日（7月1日）
アクセス	地下鉄半蔵門駅より徒歩５分、 地下鉄永田町駅より徒歩８分
予約	入場券事前購入可（当日券情報は要問合せ）
URL	http://www.ntj.jac.go.jp/kokuritsu.html

明治神宮

【メイジジングウ】

レジャー度 ☆☆☆☆☆

レア度 ★★★★☆

心地良い風に吹かれて散策
都心で豊かな森を楽しむ

例年日本一多くの参拝者が初詣に訪れる明治神宮。平日でも「深い森に包まれた社殿が神秘的」だと、世界中から参拝者が訪れている。大相撲横綱土俵入りなど、様々な行事を行うことでも知られている。

鬱蒼《うっそう》と茂った「常磐の森」は、御祭神である明治天皇と昭憲皇太后をお祀《まつ》りする際（大正9年）に植えた10万本の人工林が根付いたもの。今では自然の森のように成長し、その面積は70万平方メートルもあるのだという。敷地内には、戦国武将・加藤清正が掘ったと言われる清正井や美しい花菖蒲など、多くの見所がある明治神宮。都心の喧騒を忘れる森の中で、心身をリフレッシュしたい。

1. 自然の力で育つ「永遠の森」になるようにとの想いから、この地で育ちやすい椎や樫などの照葉樹を植えた常磐の森　2. 明治天皇が昭憲皇太后のために植えられた花菖蒲。毎年６月になると見事な花を咲かせる　3. 境内には奉納された名酒樽がずらり

ココが COOL!

加藤清正ゆかりの井戸

明治神宮の御苑内には都会では珍しく湧水の井戸があり、戦国武将・加藤清正が掘ったとの言い伝えから「清正井（きよまさのいど)」と呼ばれている。清正は、槍で虎を突き殺すほど勇猛な武将だったが、同時に「築城の名人」「土木の神様」とも言われていた。武蔵野の面影を残す御苑と、神域の森がこの清らかな水を育んでいる。

湧水量毎分 60 リットル、四季を通じて水温 15 度前後に保たれている

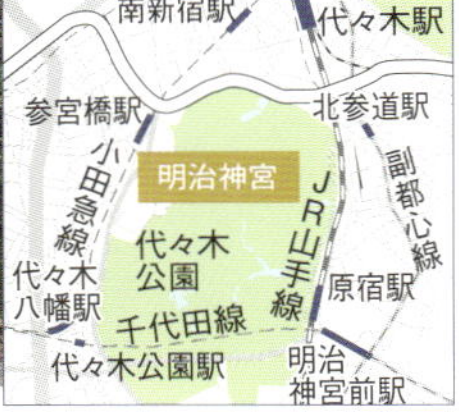

明治神宮

住所	渋谷区代々木神園町 1-1
TEL	03-3379-5511
参拝時間	日の出～日の入（月により異なる）
定休日	無休
アクセス	JR 原宿駅、地下鉄明治神宮前より徒歩 1 分
URL	http://meijijingu.or.jp/

江戸城跡【エドジョウアト】

レジャー度 ★★★☆☆

レア度 ★★★☆☆

東京の中心で
江戸の面影と出会う

休日ともなれば、多くのランナーがその外周を走っている皇居。その中の皇居東御苑は、江戸城の本丸・二の丸・三の丸の一部が建っていた場所である。大手門や富士見櫓、天守台など、敷地内に残る建造物や史跡は、日本一の建造物であった江戸城の面影を今に伝えている。本丸跡は緑まぶしい芝生になっているので、天気の良い日に訪れればより楽しめるはず。

家康・秀忠・家光と三代にわたってようやく完成をみた江戸城。その遺構を目の当たりにすれば、きっと東京の歴史を身近に感じられるだろう。

1. 大手町駅から徒歩数分の場所にある大手門。この他、平川門・北桔橋門からの入場も可能だ　2.「鉄砲百人隊」と呼ばれた甲賀組・伊賀組・根来組・二十五騎組の同心 100 人が、日夜交代で詰めていた百人番所　3. 赤穂浪士討ち入りの発端ともなった「松の廊下」跡

ココが
COOL!

天守台は必見

本丸に攻め込まれても、大小４つの天守で囲まれた「天守丸」で籠城ができるようになっていた江戸城は、まさに難攻不落の城だった。３代家光の代までに天守閣は３度建て直されることになる。明暦の大火で焼失後、土台である天守台のみ造られたが、「争いのない世には不要」として再建されることはなかった。

積まれた石の大きさに建造時の苦労が伝わってくる天守台。上に登ることもできるので、ぜひ登ってみよう

皇居東御苑

住所	千代田区千代田 1-1
TEL	03-3213-1111
開園時間	9：00 ～（閉園時間は季節により変動）
定休日	月・金曜日、天皇誕生日、年末年始
アクセス	地下鉄大手町駅より徒歩２分
URL	http://www.kunaicho.go.jp/event/higashigyoen/higashigyoen.html

浜離宮恩賜庭園

【ハマリキュウオンシテイエン】

レジャー度 ★★★★★

レア度 ★★★☆☆

都会で四季の移ろいを
バードウォッチングも外国人に人気

江戸時代から続く都内の庭園では唯一の海水の池である「潮入の池」と二つの鴨場をもつ浜離宮は、徳川将軍家ゆかりの庭園だ。江戸時代に造られた日本庭園と近代的なビルの眺望が、まるで過去と現代が交錯しているようだと外国人に人気のスポットである。また、冬には様々な種類の渡り鳥や鴨が訪れるため、バードウォッチングを長時間楽しむ外国人も多いという。

海に面しているため水上バスの発着場があり、浅草やお台場方面からも下船して入園できる。築地や銀座にも近く、都会の中心にある広大な庭園で、四季折々の花を鑑賞しながら、のんびりとした時間を過ごしたい。

1. 潮入の池の岸と中島を結ぶ、「お伝い橋」を渡った「中島の御茶屋」で、抹茶と菓子を　2.「将軍お上がり場」。江戸時代、将軍が船で浜御殿に来た際に上陸した場所だ　3. 桜、梅、菜の花やコスモスなどの花々が咲き誇る。四季を通じて訪れたい

〈入園料〉一般 300 円、65 歳以上 150 円、
小学生以下及び都内在住・在学の中学生は無料

ココが COOL!

三百年の松

浜離宮は承応３年（1654）、甲府宰相・徳川綱重が兄の四代将軍・家綱より下屋敷として拝領後に、将軍家別邸「浜御殿」となる。明治３年（1870）に宮内省の管轄に入り「浜離宮」となり、現在は都立庭園になっている。この松は六代将軍・家宣が庭園を大改修したときに、その偉業をたたえて植えられたものと言われている。

都内で最大級の黒松

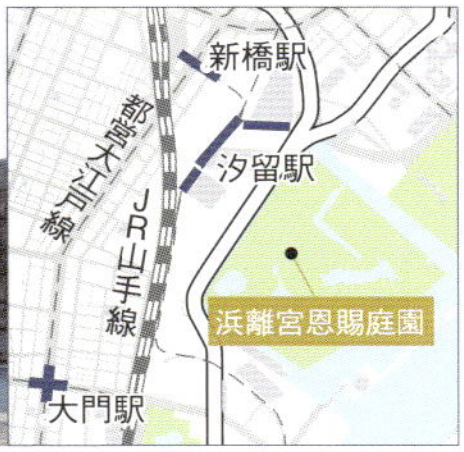

浜離宮恩賜庭園

住所	中央区浜離宮庭園 1-1
TEL	03-3541-0200
営業時間	9：00 ～ 17：00（入園は 16：30 まで）
定休日	年末・年始（12 月 29 日～翌年 1 月 1 日まで）
アクセス	地下鉄築地市場より徒歩 7 分 地下鉄汐留より徒歩 5 分 水上バス（日の出桟橋─浅草）東京水辺ライン（両国・お台場行）「浜離宮発着場」下船

※水上バス発着場をご利用の際は別途入園料がかかります

画像提供：公益財団法人東京都公園協会

文京区　30分

体験
歴史文化

お茶の水 おりがみ会館

【オチャノミズ　オリガミカイカン】

レジャー度 ★★★★★

レア度 ★★★☆☆

誰もが一度は親しんだ折り紙 その魅力を再発見

お茶の水にある「おりがみ会館」に入ると、外国人旅行者の姿が多く見られる。日本人にとっては馴染み深い折り紙だが、一枚の紙から様々な花や動物などが生まれる様子に皆一様に目を輝かせている。

おりがみ会館には、色違い、柄違いまで合わせるとおよそ5000種類の折り紙が揃っており、そのバリエーションの豊かさに驚かされる。館内に併設された工房では染め師が和紙を一枚一枚染めていく作業風景を見ることができたり、館長自ら実演ブースで折り紙を折って見せてくれたりと、折り紙の楽しさを再発見できる。親子三世代で訪れても楽しいだろう。

1. 3階の折り紙売り場でお気に入りを探そう。写真は色鮮やかな友禅紙　2. 館長の実演風景。館長は千代紙メーカー「ゆしまの小林」の4代目社長も務める　3. 数百円で買える折り紙も、1枚1枚職人の手によって作られている

ココが COOL!

折り紙体験

年齢・国籍を問わず人気を集めているのが、毎日実施されているミニ講習だ。皆、真剣な表情で折り紙を折っている。初心者や久しぶりという方でも、講師が丁寧に教えてくれるので心強い。「少しぐらいずれたって、それもまた味。いくつになっても気軽に楽しめるのが折り紙の魅力」と館長。

折り紙を通じて、親子や友達同士の会話もきっと弾むだろう

お茶の水 おりがみ会館

住所	文京区湯島 1-7-14
TEL	03-3811-4025
開館時間	9:30 ～ 18:00
定休日	日・祝日・年末年始・夏季休暇
アクセス	JR・地下鉄御茶ノ水駅より徒歩 7 分
予約	不要
URL	http://www.origamikaikan.co.jp/

玉川大師

【タマガワダイシ】

レジャー度 ☆☆☆☆☆

レア度 ★★★★★

地下霊場に約300体の仏像
東京に居ながらお遍路を

近年、四国八十八カ所のお遍路には外国人の姿もちらほら見かけるが、東京にはそんなお遍路のご利益を一カ所で受けられるお寺がある。世田谷区の「玉川大師」だ。こちらの地下霊場には八十八カ所霊場の本尊など、約３００体の仏像が祀られている。昭和初期、初代住職の夢枕に弘法大師が立ち、「四国に行きたくても行けない人のために関東に修業道場を建立しなさい」とのお告げがあったため造られた。

外国人の参拝も可能だが、「参拝の手順を理解していただくために、日本語がわかる人もしくは通訳の同行をお願いしております」と住職。

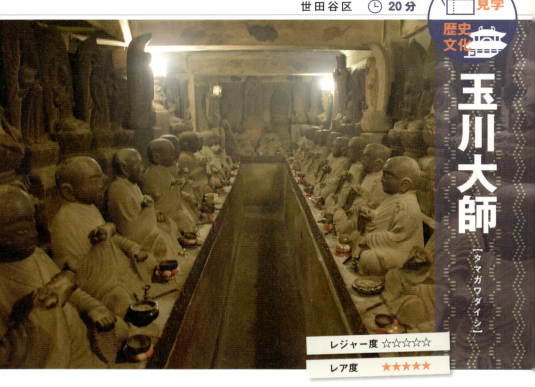

1. 灯明料 100 円を納め、本堂内の階段を降りて地下霊場へ。深さ約 5m、参道の全長は約 100m　2. 本尊の弘法大師の石仏。「南《な》無《む》大《だい》師《し》遍《へん》照《じょう》金剛《こんごう》」と唱え、心願成就を祈ろう　3. 参道沿いの石仏には一番から八十八番までの番号が彫られている。自分の数え年（今の年齢に 1 歳を足した年齢）の数の石仏を拝むとご利益があるという

ココが
COOL!

真っ暗闇の参道

地下霊場への階段を降りると、はじめに真っ暗な闇が広がる。昔の四国遍路は夜の山道も歩いたため、その暗闇を体感する意味が込められているという。右側の壁に手を当てながら、参道を進もう。途中、「金剛《こんごう》五《ご》鈷《こ》杵《しょ》」と呼ばれる金属製の仏具に手を触れよう。ここから本堂の大日如来とつながっていて、煩悩が取り除かれて心清められるという。

地下霊場は信仰の場であり、通常は撮影不可なのでご注意を。（本書では取材のため特別に許可を得ている）

玉川大師

住所	世田谷区瀬田 4-13-3
TEL	03-3700-2561
順拝時間	9：00 ～ 16：30
定休日	なし
アクセス	東急田園都市線二子玉川駅より徒歩 10 分
予約	不要

すみだ江戸切子館

【スミダエドキリコカン】

レジャー度 ★★☆☆☆

レア度 ★★★☆☆

東京都の伝統工芸品、江戸切子
世界で一つだけのグラスを作ろう

江戸時代から「ものづくり」のまちとして発展してきた墨田区には、現在も様々な伝統工芸産業が息づいている。買い物や制作体験ができる工房ショップもあるので、東京スカイツリー®や江戸東京博物館、両国国技館などへの観光のついでに立ち寄ってみよう。「すみだ江戸切子館」では東京都の伝統工芸品に指定されている江戸切子の制作体験ができる。自分の好きな紋様を削り出し、オリジナルグラスをお土産に持ち帰ろう。外国人観光客もよく訪れ、初めての体験に皆大喜びとのこと。作り方はスタッフが丁寧に教えてくれ、英語や中国語の対応も可能だ。

1. 精巧なカット技術とバラエティ豊かな紋様の組み合わせ。外国人からは驚きの声が　2. 様々な色や形のグラスから好きなものを選び、紋様を削り出す。体験は要予約で1名より受付（4～5名まで）。高校生以上はグラス制作4,320円、小学4年生～中学生はペーパーウェイト1,080円（体験料・材料費込み）。小学生は保護者付き添いのこと　3. 日差しが降り注ぐ明るい店内では、職人が作った江戸切子製品を販売している。グラスは2,700円～

ココが COOL!

熟練の職人技

「すみだ江戸切子館」ではカットガラス職人として20年のキャリアを持つ川井更造さんが腕をふるう。その高い技術が認められ、2013年には「すみだマイスター」に認定された。社長の廣田達夫さんが時代の流行と伝統的な紋様を融合させたデザインを考案し、それを川井さんの技術が実現させている。

工房ショップの奥では窓越しに川井さんが作業している様子を見学できる

すみだ江戸切子館

住所	墨田区太平 2-10-9
TEL	03-3623-4148
営業時間	10：00 ～ 18：00
定休日	日・祝・夏季・年末年始
アクセス	JR・地下鉄錦糸町駅より徒歩 7 分
予約	要
URL	http://www.edokiriko.net/

浅草文化観光センター

（アサクサブンカカンコウセンター）

レジャー度 ★★★☆☆

レア度 ★☆☆☆☆

台東区の文化も発信
最高ランクの観光案内所

　まるで積み木を重ねたような個性的な外観の「浅草文化観光センター」。こちらは、日本政府観光局から「カテゴリー3」という最高ランクに認定された観光案内所で、浅草だけでなく日本全国の観光情報を4カ国語（日、英、韓、中）で提供している。

　ここに来たら、観光情報を聞くだけではもったいない。東京スカイツリー®や浅草寺の五重塔など、まちを一望できる最上階の展望テラスや、台東区の文化・産業・観光をテーマにした展示コーナーなども見所。その場で申し込める無料の浅草ツアー（土日開催、先着20名）では、知らなかった浅草と出会えるだろう。

1.「探せる・見せる・支える」をコンセプトに、台東区の情報を発信している。建築家・隈研吾氏による、斬新な外観にも注目　2. 手ぬぐいやクリアファイルなどのオリジナルグッズはお土産に　3. 7階の展示スペースでは、写真の「したまちコメディ映画祭」や、流鏑馬の写真展などを実施

ココが COOL!

浅草芸者のお座敷おどり

6階の多目的スペースでは様々な催しが開催される。年に数回、浅草観光連盟が主催する浅草芸者のお座敷おどりは、普段はなかなか見ることのできない本物の芸者さんとふれあえるイベント。優雅な日本舞踊の披露や、芸者さんと一緒に楽しむお座敷遊びなど、毎回好評を博している。

花街としての浅草の歴史は古く、江戸中期にまで遡る。今もなおその歴史を受け継ぐ浅草芸者の艶やかな佇まいや、磨き抜かれた芸を堪能したい（提供：浅草観光連盟）

浅草文化観光センター

住所	台東区雷門2-18-9
TEL	03-5246-1111
営業時間	〈1～3F、6～7F〉9:00～20:00 〈B1Fトイレ、展望テラス〉～22:00
定休日	無休
アクセス	地下鉄·東武スカイツリーライン浅草駅より徒歩1分
予約	不要
URL	http://www.city.taito.lg.jp/index/bunka_kanko/kankocenter/a-tic-gaiyo.html

レンタル着物

【レンタルキモノ】

レジャー度 ★☆☆☆☆

レア度 ★★★☆☆

日常が特別な一日に 着物姿で思い出作り

和服姿の凛とした佇まいに憧れる人にとって、レンタル着物店は心強い味方だ。着物と小物一式、着付け代がすべてセットになって9800円という「レンタル着物Mine《マイン》」には、海外からの旅行者や留学生たちが毎日のように訪れ、艶やかな着物に目を輝かせているという。もちろん日本人の利用者も多く、その大半は「結婚式に着物姿で出席したい」という女性だそうだ。

着れば着るほど、和服姿はサマになってくるもの。花火大会や初詣などの特別な日だけでなく、いつもと少し違った気分になりたい時にも、着物で街歩きを楽しんでみてはいかがだろう。

1. 着付けだけでなく髪もセットしてくれるので、次第に変身していく自分を見るのも楽しい　2. 着物を着慣れていないと難しい帯の処理もこの通り　3.「特殊撮影プラン」では、花魁になって写真を撮る事もできる

※北千住店の他、吉祥寺店、六本木店、立川店、高田馬場店あり

ココが COOL!

種類豊富な着物

おしゃれ着としての着物以外にも、振袖や留袖、訪問着など、正装として着られる着物も数多く揃えている「Mine」。様々なシーンで利用できると喜ばれているという。扱っている着物も化繊でなく正絹にこだわっているので、本物の良さを実感できるだろう。万が一汚してしまった場合でもそのまま返却すればよいので安心だ。

和服で訪れるとお得なサービスを実施している店も数多くあるので、探してみては

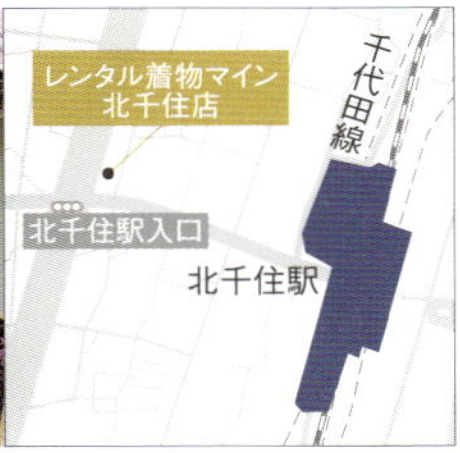

レンタル着物マイン 北千住店

住所	足立区千住 3-4 結城ビル 1F
TEL	03-5284-6311
営業時間	10：00 ～ 19：00
定休日	水曜日
アクセス	JR・地下鉄・東武スカイツリーライン・つくばエクスプレス北千住駅より徒歩 7 分
予約	要
URL	http://www.rental-mine.org/web/mine/tokyo/kitasenjyu

台東区　2時間

体験　歴史文化

写経・坐禅体験

【シャキョウ・ザゼンタイケン】

レジャー度 ★☆☆☆☆

レア度 ★★★☆☆

厳かな雰囲気の中で
自分を見つめ直すひと時を

お寺での写経・坐禅体験が、今外国人に人気だという。谷中にある全生《ぜんしょう》庵にもしばしば外国人の参拝者が訪れるそうだ。全生庵は、江戸市民を救うため、江戸城無血開城の実現に奔走した山岡鉄舟が開いたお寺。集中力を養いたい、日頃のモヤモヤを忘れたいと、坐禅を組みに訪れる日本人も多い。初めて参禅する人は、まずは日曜坐禅会（要予約）に参加して、坐り方や呼吸法を身に付けよう。

また、坐禅だけでなく写経も体験できる（要予約）。「全ての字を集中して書き写せた時の達成感を味わいたい」と、何度も参加する常連もいるのだそう。

1. 故・三遊亭圓朝の墓地が敷地内にあることから、毎年11月3日に開催される「全生亭寄席」。生の落語は臨場感抜群　2. 坐禅体験の様子。心静かに己を見つめ直したい　3. 本堂に掛けられた山岡鉄舟直筆の扁額。力強い筆跡で「選佛場」と書かれている

ココが COOL!

幽霊画の一般公開

毎年8月の1カ月間、全生庵の所蔵する幽霊画のコレクションが一般公開される。足のない幽霊を初めて描いたとされる円山応挙の作品をはじめ、多くの幽霊画を一堂に見られる貴重な機会だ。一口に幽霊と言っても、恐ろしい顔をしたものからどこか儚《はかな》げに見えるものまで、画家ごとの描き方の違いも面白い。

公開されるコレクションは全て三遊亭圓朝が蒐集したもの。高座で怪談噺を演じる際に掛けていたのだという。8月には「圓朝寄席」も開催され、毎年楽しみにしているファンも多い

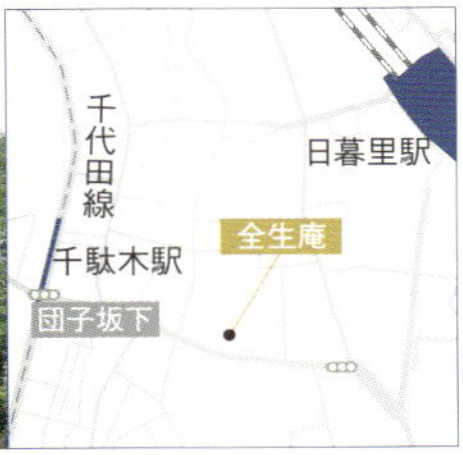

全生庵

住所	台東区谷中 5-4-7
TEL	03-3821-4715
受付時間	10:00 ～ 17:00
アクセス	地下鉄千駄木駅より徒歩５分
予約	各種体験・寄席は必要
URL	http://www.theway.jp/zen/

日本武道館
【ニッポンブドウカン】

レジャー度 ★★☆☆☆

レア度 ★★☆☆☆

武道、文化の発信地
歴史ある武道館の威光を感じる

１９６４年の東京オリンピックを契機に開館した北の丸にある日本武道館。過去にはビートルズの来日公演が行われ、現在でも様々な催しが行われているが、東京を訪れる外国人にも注目の観光スポットになっている。彼らの目当ては建物そのもの。美しい大屋根は富士山をイメージして造られている。チケットがなければ入れない大会や催しもあるが、運が良ければチケットなしで入場できる場合も。その際は、日本の伝統である武道の迫力を感じてみよう。本格的に武道を学ぶことができる武道学園も開講し随時入学を受け付けているので、武道の聖地で心身を鍛えてみよう。

1. 武道を通じた健全な育成を目的に、青少年を対象にした錬成大会も定期的に実施している　2. 北の丸公園は桜の名所でもある。桜に包まれる武道館も美しい　3. 柔道、剣道、空手道など日本武道館主催の大会も開催。武道大会には入場無料のものも

ココが COOL!

建築物としての美しさ

曲面や曲線を用いたデザインを得意とした建築家、山田守氏による設計。1964年の東京オリンピックの柔道競技会場として建設され、オリンピックに向けてわずか12カ月で完成した。富士山をイメージした稜線の中心には擬宝珠《ぎぼし》が施されており、武道の精神を象徴している。

法隆寺夢殿を
モチーフにした八角形の大屋根

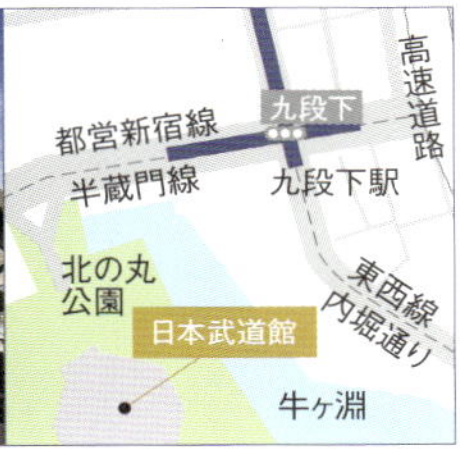

日本武道館

住所	千代田区北の丸公園 2-3
アクセス	地下鉄九段下駅徒歩 5 分
URL	http://www.nipponbudokan.or.jp

※催し物が行われている時以外、館内への入場はできません

増上寺

【ゾウジョウジ】

レジャー度 ★★☆☆☆

レア度 ★★★☆☆

東京タワーの足元に息づく 江戸の息吹を感じたい

徳川家の菩提寺として知られる増上寺は、近隣に大使館やホテルが多いためか、外国人の姿も多く見られる。バックパッカーからスーツ姿のビジネスマンまで、そのほとんどが背後にそびえる東京タワーとのコントラストに驚き、感動するのだという。日本人ではご朱印集めや史跡巡りで訪れる人も。残念ながら空襲によって貴重な建築物の多くが焼けてしまい、「三門」（三解脱《げだつ》門）の他、往時の姿を偲ばせる建築物は数少ないが、２０１５年４月に宝物展示室が開設され、貴重な寺宝を見られるようになっている。過去に訪れたことのある方も、今一度行ってみては。

1. 朱色の美しい三門は国の重要文化財にも指定されている。和唐折衷のデザインに注目してほしい　2. 歴代将軍と徳川家にゆかりのある女性が眠る「御霊屋《おたまや》」　3. 安国殿内に祀られている黒本尊の前に立つ「阿弥陀如来」。黒本尊は1、5、9月の各15日にその姿を拝むことができる

ココが COOL!

秘蔵の寺宝の数々

徳川家康没後400年にあたる2015年に、本堂地下1階に開設された宝物展示室。展示の目玉は、英国ロイヤルコレクション所蔵の「台徳院殿霊廟模型」だ。これは三代将軍･家光によって造られた二代将軍・秀忠の霊廟を10分の1のスケールで精巧に再現したもの。戦災によって失われ、今ではモノクロの写真しか残っていない台徳院殿霊廟を偲ぶことができる、貴重な展示だ。

Royal Collection Trust / ©Her Majesty Queen Elizabeth Ⅱ 2015

壮麗な日光東照宮の原型となった霊廟で、1930年には国宝に指定された台徳院殿霊廟。こちらの模型は1910年、ロンドンで開催された日英博覧会に東京市から出品されたのち、英国王室へ贈呈されたもの

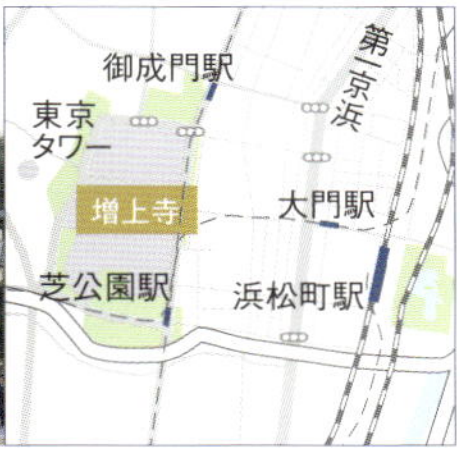

増上寺

住所	港区芝公園 4-7-35
TEL	03-3432-1431
参拝時間	9：00 ～ 17：00
定休日	無休（展示室・墓所拝観は火曜定休）
アクセス	地下鉄御成門駅より徒歩 3 分
URL	http://www.zojoji.or.jp

外国人に人気の土産 BEST 5

仲見世 助六 編

贅沢が禁じられた江戸時代、玩具には小さくとも精巧な細工が施され、言葉遊びが盛り込まれた。「仲見世 助六」は江戸末期創業、日本で唯一の江戸趣味小玩具の店。外国人客も多く訪れる。

Best 1

笊《ざる》かぶり犬《いぬ》 3,800円

水の通りがよい笊は「風邪をひいて鼻づまりしないように」、その上に載せられたつぼめた傘には「できものの瘡(かさ)(＝かさぶた)が小さくなりますように」「かさを重ねて、重ね重ねいつもにこにこ健康に」との意味が込められている。また、「犬」という字に「笊」の竹かんむりをかぶせると「笑」という字にも似ていることから、「子どもたちには笑顔で元気に育ってほしい」という親の願いが込められている。

Best 2

赤《あか》梟《ふくろう》 4,000円

江戸時代、疱瘡(ほうそう)が命にかかわる病気として恐れられていた頃、親は子どもに赤いものを着せたり、赤いおもちゃを持たせて疫病から守ろうとした。

Best 3

丸《まる》〆《しめ》猫《ねこ》 大 6,500円 小 3,800円

今戸焼の招き猫は、後ろの尾に「○に〆」の刻印があるのが特長。万事うまく納まるように、という願いが込められている。

Best 4

ひな人形 22,500円

ひな人形には土鈴、木彫りなど様々あるが、こちらは木目込み人形。

Best 5

羽子板 15,000円

バドミントンが世界的に知られているスポーツのため、羽子板に興味を持つ外国人も結構いるとか。

仲見世 助六　台東区浅草2-3-1　TEL 03-3844-0577　http://www.asakusa-nakamise.jp/store/pop.php?sid=95

Tokyo foods

東京の食を味わう

日本の食は奥深い！
普段なかなか立ち入れないスポットはもちろん。
日本人にはお馴染みのお店も、外国人の目線で訪れると、
いつもとは違った楽しみ方ができるだろう。

イタリア・ミラノ郊外のまちに生まれる。2014年4月に来日。日本語学校に通いながら、三田に建つ「セレスティンホテル」1階の「レイヨンヴェール・カフェ」に勤め、心の通う接客が好評を得ている。

Guide

Geranelli Alberto from Itary

ジルネッリ・アルベルトさん

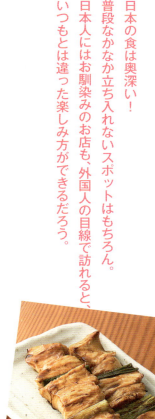

まい泉 青山本店

【マイセンアオヤマホンテン】

レジャー度 ★★★☆☆

レア度 ★★★☆☆

和の雰囲気と美味しい料理を気軽に味わえる場所

ジューシーな肉とサクサクの衣が外国人に人気のとんかつ。とんかつ専門店は数あるが、アルベルトさんのおすすめは「まい泉 青山本店」。「高級店の佇まいで、入る前は緊張しましたが、一歩入ったらそんなこともなく、お肉のやわらかさに感動しました」とアルベルトさん。日本人の中には、「まい泉」は敷居が高く感じてしまう人もいるかもしれないが、アルベルトさんはデートでも利用するという。「日本文化を感じられるお座敷で美味しいお料理を食べたいと考えた時には、割烹やうなぎ屋さんに比べてお手頃です」と言う。和の雰囲気とこだわりの料理を味わえる場所だ。

1. アルベルトさんが毎回注文するという「黒豚ヒレかつ膳」（3,100円） 2. とんかつの他に日本料理も楽しむことができるコース料理も（3,780円～） 3.1階には一人で行っても安心のカウンター席や銭湯の脱衣所を改装した天井の高い西洋館（右頁）などがあり、シーンに合わせて利用できる

ココが
COOL!

日本文化感じる お座敷席

外国人には日本文化を感じるお座敷席も人気。「テーブル席だと寛いでビールを何杯も飲んでしまうから、いつも敢えて、2階のお座敷席を希望します」とアルベルトさん。テーブル席ではなく、お座敷でとんかつを食べるのも粋な楽しみ方かもしれない。

青山本店２階にある和室

まい泉 青山本店

住所	渋谷区神宮前4-8-5
TEL	0120-428-485（10：30～22：00）
営業時間	11：00～22：45（22：00 LO）
定休日	無休
アクセス	地下鉄表参道駅より徒歩３分
予約	コース料理のみ必要
URL	http://mai-sen.com/

荒川区　3時間　体験　グルメ

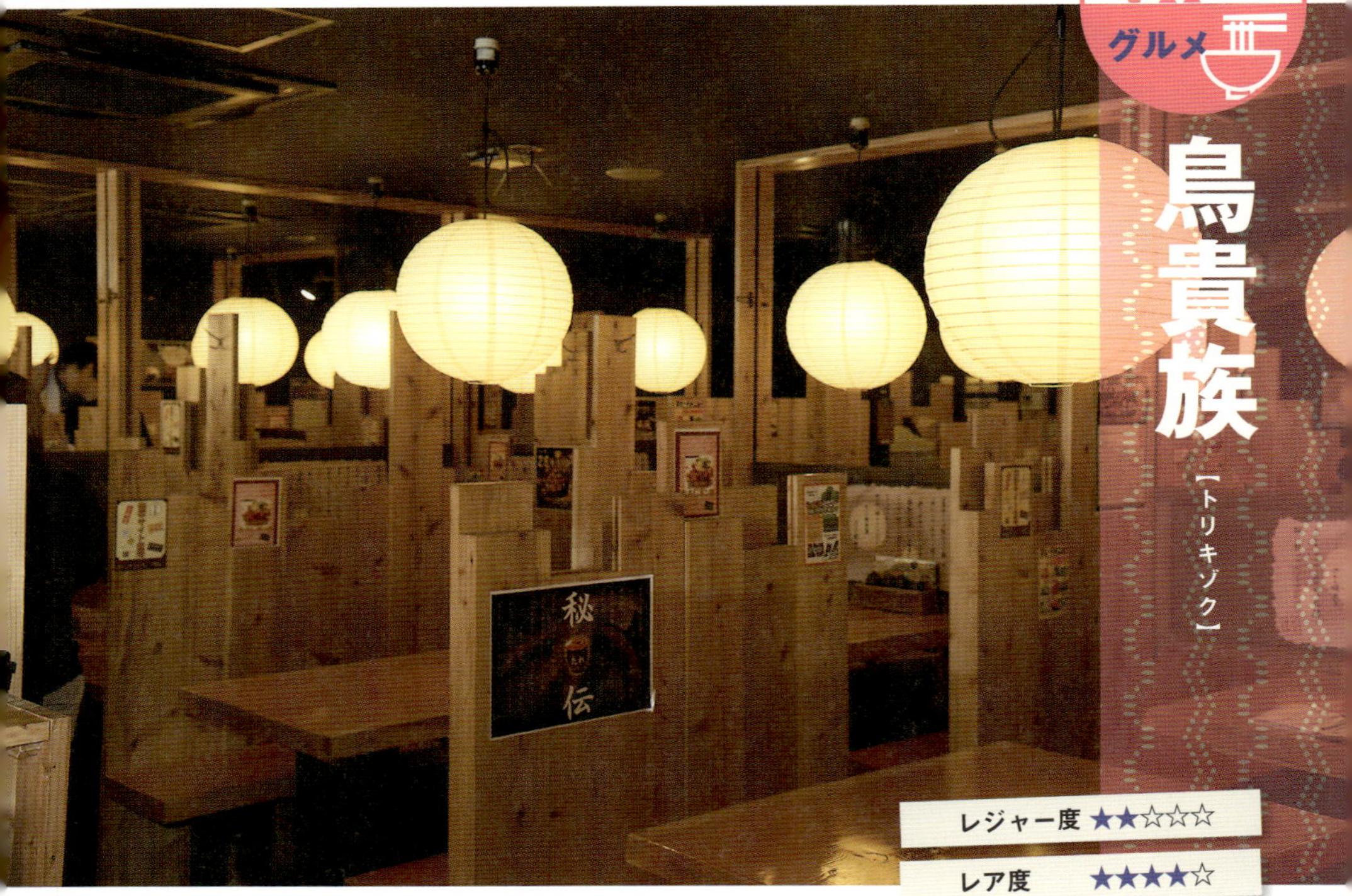

鳥貴族
【トリキゾク】

レジャー度 ★★☆☆☆

レア度 ★★★★☆

料理もお酒も全品280円！
仲間とワイワイ楽しもう

「全品２８０円」という驚きの居酒屋があるのをご存じだろうか。今、日本人からも大注目の店だが、驚きの価格と本格的な焼鳥に外国人からも注目を集めている。アルベルトさんも日暮里店に日本語学校の仲間たちとしばしば訪れ、朝まで語り合うこともあるという。「席が木の棒のようなもので区切られていて、そのプライベートだけどプライベートじゃないような空間が居心地が良いですね」と話す。もちろん、２８０円均一という驚きの価格が人々を魅了する第一の理由。その値段でありながら、国産の安心の食材を使用し、高品質の焼鳥や料理を提供している。

1. アルベルトさん一押しは、つくねチーズ焼。ふんわり食感の鶏団子にチーズを乗せて　2. 焼鳥の他にも一品料理が豊富にメニューに並ぶのも嬉しい。ピーマンの肉詰めなど家庭的な料理も　3. 国産鶏肉を使用した焼鳥はもちろん人気No,1！（もも貴族焼〈たれ〉）

ココが COOL!

賑やかに人が交わる空間

「普段の東京は人が静かでクールな印象だけど、ここは賑やかで人が交わる感じがします。その雰囲気が居心地が良くて好きですね」とアルベルトさん。しっとりと食事を楽しむのもいいが、時には賑やかな空間で、ビールや焼鳥を囲んで、密に語り合うような時間も楽しんでみてはいかがだろうか。

プレミアムモルツも280円！

鳥貴族
TORIKIZOKU

鳥貴族　日暮里店

住所	荒川区東日暮里 5-50-11-2F
TEL	03-6806-5508
営業時間	18：00 ～翌 4：00（翌 3：30 LO）
定休日	12 月 31 日、1 月 1 日
アクセス	JR 日暮里駅より徒歩 1 分
予約	不要
URL	https://www.torikizoku.co.jp/

ちゃんこ料理

【チャンコリョウリ】

レジャー度 ★★★☆☆

レア度 ★★★★☆

本物の土俵を見ながらちゃんこ料理に舌鼓

相撲の町・両国には、大相撲の伝統や風情を感じながらちゃんこ料理を味わえる店がある。1983年創業の「割烹 吉葉」だ。旧宮城野部屋の建物と横綱・吉葉山の名前を譲り受けて創業した。

目玉は館内中央にある本物の土俵。かつて力士たちが稽古に励んだ土俵を間近に見ながら、館内に響き渡る相撲甚句に耳を傾けよう。五感の全てで味わうちゃんこ料理は格別の味だ。ほとんどのお客さんが土俵で記念写真を撮って帰る。

滞在しているホテルからの紹介やガイドブックを見て、外国人も毎日のように訪れ、「スモウレストラン」と喜ぶという。

1. 建物は1953年に建てられたもので、宮大工が手がけたという。歴史と伝統を感じられる造りだ　2. こだわりは独自の工夫を重ねた鍋料理。「ダシを持ち帰りたい」と希望するお客もいるほど。塩仕立て、醤油仕立て、味噌仕立て、辛味噌仕立ての4種類から好みの味を選べる　3. 店を経営するのは築地市場の仲卸店。毎日、新鮮な食材が直送され、経験豊かな料理人によって調理される。ちゃんこ料理の他、刺身や天ぷらなどの日本料理も味わえる

ココが COOL!

素晴らしき相撲甚句

こちらのお店では土俵で定期的にイベントを開催している。相撲甚句は月・水・金・土の19:30～、津軽三味線の演奏は火・木の19:00～。元力士による相撲甚句は特に人気で、広い店内に響き渡る声に聴き惚れてしまうだろう。新館ではグランドピアノの演奏も行われる（火・木・土の20:00～）。見て、聴いて、食べて…と様々な楽しみを見つけられる店だ。

相撲甚句は大相撲の巡業などで披露される七五調の囃子歌

割烹 吉葉

住所	墨田区横網2-14-5
TEL	03-3623-4480 / 03-3623-4561
営業時間	11:30～14:00(13:30 LO) 17:00～22:00(21:10 LO)
定休日	日曜日、祝日、GW、お盆、年末年始
アクセス	地下鉄両国駅より徒歩6分
予約	要
URL	http://www.kapou-yoshiba.jp/

思い出横丁

【オモイデヨコチョウ】

レジャー度 ★★★★☆

レア度 ★★★★☆

昭和の面影を今に伝える大人の飲食店街

２０２０年の東京オリンピック開催が決定して以降、外国人旅行者が多く訪れている東京。「思い出横丁」にも多くの旅行者が訪れている。飲食店が肩を寄せ合うように並んだこの一画には、新鮮な驚きがあるのだろう。

ただ、「行ってみたいけどちょっと入りづらい…」と感じている人もいるはず。同商店街広報部長の金子慎太郎さんは「何も特別なルールなんてありませんから、気軽に訪れてください。入りたい店を決めたら、勝手に席に座らずに店員に人数を告げる。これさえ守れば、どのお店も快く迎えてくれますよ」と話す。昭和の情緒を感じながら一杯飲む夜もオツだろう。

1. 焼き鳥、煮込み、寿司…、様々な飲食店がこの一画に軒を連ねている。こちらは「寿司辰」のおまかせ（一人前 3,000 円）。こだわりの寿司を目当てに通うファンも多数　2. 創業昭和 21 年の「らくがき」では豚足とコブクロが人気。秘伝の味噌が味の決め手　3. 線路沿いの柳通り

ココが COOL!

お店の人との会話

肩肘張らず、リラックスして食事を楽しめる思い出横丁の魅力の一つが、お店の人との距離の近さ。「気さくなご主人たちも多いですから、気軽に話しかけてみてください」と金子さんが言うように、せっかく来たのだからお店の人との会話も楽しんでほしい。

鰻の串焼きが名物の「カブト」。
まだ明るいうちから満員の店内には、笑い声が飛び交う

思い出横丁

住所	新宿区西新宿 1-2
アクセス	JR・地下鉄新宿駅より徒歩 3 分
URL	http://www.shinjuku-omoide.com

アメ横商店街

【アメヨコショウテンガイ】

レジャー度 ★★★☆☆

レア度 ★★★☆☆

活気ある店員とのやりとりも アメ横ショッピングの醍醐味

年末の風景として日本人にはお馴染みの「アメ横」。ここは今、外国人にも注目の商店街だ。人気の理由は、種類が豊富で値段も安いドラッグストアや菓子店が軒を連ねていること。ドラッグストアの店内は、開店時間から外国人観光客で溢れている。激安の商店は、日本人にとってももちろん嬉しいが、それ以外にもアメ横の魅力は沢山。気取らないまちの雰囲気や、人懐こく明るい店員とのやりとりなど、東京ではないような気分にさせてくれる。朝からビールを片手にカウンターを囲むこともでき、朝から晩まで、いろんな楽しみ方ができるまちである。

1. アメ横と言えば鮮魚や菓子の叩き売り。店員との会話もアメ横ショッピングの醍醐味　2. オーエスドラッグ上野店。品質の良さから日本の薬は外国人から人気。日本限定のものなどが安く買えると多くの外国人が訪れる　3. 5,000～6,000種類の菓子や食料品が並ぶ「二木の菓子」。オリジナル商品も多数

ココが COOL!

飴とアメリカ

終戦直後、食糧難の時代に多くのバラック店舗が並んだ。昭和22年には、サッカリンと呼ばれる砂糖に代わる甘味料を原料とした飴菓子や芋飴が売り出され大ヒット。300ほどの店が軒を連ね、「アメ屋横丁」と呼ばれるようになる。昭和25年以降は駐留米軍などのアメリカ物資が流れ込み、「アメリカ横丁」とも。飴とアメリカ。二つの歴史が「アメ横」の名に刻まれている。

いつ訪れても活気あふれる
商店街の雰囲気を満喫できる

アメ横商店街連合会

住所	台東区上野 6-10-7
TEL	03-3832-5053
営業時間	店によって異なる
定休日	店によって異なる
アクセス	JR・地下鉄上野駅より徒歩 3 分
URL	http://www.ameyoko.net/

築地市場

【ツキジイチバ】

レジャー度 ★★★☆☆

レア度 ★★★☆☆

東京、日本の台所
夜も明けぬうちから出かけよう

「築地のマグロ卸売場の見学チケットはなかなか取れない！」と外国人観光客が嘆くほど人気となっているのが、築地市場だ。東京、日本の台所でもあるこちらは、かつては一般の人々は足を踏み入れることができなかったが、今では多くの観光客や一般客が訪れ、日本の食の中枢を体験している。ターレーが走り回る場内には、様々な地域で水揚げされた鮮魚が所狭しと並んでいる。そして場外市場では新鮮な魚介類を使った寿司を食べたり、魚や乾物、惣菜を購入したりと、楽しみは数えきれない。何度でも訪れてみたい、エネルギーに溢れた場所である。

1. 真夜中0時から築地の一日は始まり、トラックやターレーが走り回っている　2. 市場で働く人に混じり、観光客も海鮮丼や寿司、ラーメンに舌鼓　3. 場外市場には一般客でも気兼ねなく購入できる商店が並んでいる

ココが COOL!

マグロ卸売場見学

マグロ卸売場の見学受付は通常朝の5時から（おさかな普及センター1階）だが、先着120名限定なのでそれ以前から多くの観光客が列をなしている。見学者多数の場合は、受付開始時間が繰り上げられ、場合によっては5時前に定員に達する場合もあるので気を付けて。運よく中に入ることができたら、大量のマグロが取引されていく様に圧倒されるだろう。

夜も明けぬうちから
列をなす観光客が多数

築地市場

住所	中央区築地 5-2-1
アクセス	地下鉄築地市場駅より徒歩1分
URL	http://www.tsukiji-market.or.jp/

大東京綜合卸売センター

【ダイトウキョウソウゴウオロシウリセンター】

レジャー度 ★☆☆☆☆

レア度 ★★★☆☆

市場は築地だけじゃない！ 生鮮品からエスニック食材まで

東京の台所・築地市場は外国人観光客にも有名だが、東京にはもちろん、他にも市場がある。そのうちの一つ、「大東京綜合卸売センター」は多摩地域最大級の市場だ。70店が軒を連ね、魚、肉、野菜、乾物、雑貨まで何でも揃う。築地まで行かなくても新鮮で多種多様な食料品が仕入れられるため、東京郊外の飲食店や小売店から頼りにされている。一般の人も買い物ができるのが嬉しい。

店舗の一つ、「アジアンミール」では東南アジアの調味料や缶詰などを取扱い、近隣のエスニック料理店のスタッフや地元在住の外国人がよく買い物に来るという。

1. アジアンミールにはフィリピン人やタイ人のお客さんが多いが、エスニック料理好きの日本人もよく訪れる。「なかなか手に入らない食材がここなら揃う、と喜びの声をいただきます」と店主　2. フィリピンの料理「カレカレ」に使う調味料。ピーナッツソースをからめた肉じゃがのような料理だという　3. 日本では珍しく、青バナナの状態で売られている。皮が硬くて四角形なのがユニーク。煮たり揚げたりして調理を

ココが COOL!

プロの包丁さばき

鮮度が求められる魚や肉は、市場の中でも“花形”的存在。各店舗の奥では、魚をさばいたり肉を解体・加工する様子を見ることができる。この道ウン十年という店員さんも多く、手早く美しい包丁さばきに惚れ惚れするだろう。食べてみたい！ と思ったらその場で新鮮な魚や肉を買えるのも市場の嬉しいところ。

市場の活気を見るなら
午前中に訪れよう

大東京綜合卸売センター

住所	府中市矢崎町 4-1
TEL	042-364-8211
営業時間	7:00 ～ 15:00
定休日	日・祝・水曜不定期
アクセス	JR 府中本町駅より徒歩 15 分
予約	不要
URL	http://www.fuchu-doc.co.jp

谷中銀座商店街

【ヤナカギンザショウテンガイ】

レジャー度 ★★★☆☆

レア度 ★★★☆☆

坂を下れば、非日常
忙《せわ》しなさを忘れ、穏やかな時間を

日暮里駅から歩いて5分。階段から見下ろす先にこじんまりした商店街がある。今では外国人観光客も多く訪れる「谷中銀座商店街」だ。一時は東京の他の商店街と同じように衰退の道を辿っていたが、近年また注目を集めるようになった。その理由は、外国人に人気の旅館があるということもあるが、このまちのどこか懐かしい下町の商店街の雰囲気と、和の趣を感じられることだろう。メンチカツを片手に猫のいる路地裏を散策したり、老舗のお茶屋さんで店員とお喋りしながらお気に入りのお茶を探したり。忙しなさを忘れ、ゆっくりとした時間を過ごすことができる場所だ。

1

2

3

1. 日暮里駅からの商店街入口にある「夕やけだんだん」坂。ここを下れば、東京ではない場所に来たような気分に　2. 谷中名物「谷中メンチ」を販売している「肉のサトー」営業時間 10：30 ～ 19：30（揚げ物の販売 12:00 ～）定休日月曜　3. 創業 80 年を超える「金吉園」。日本の和を求めて外国人も多く訪れる。日本人も外国人もリピーターが多い信頼のお茶と和陶器の店

ココが COOL!

猫を探して歩いてみては

谷中銀座は猫のまちとしても有名。路地裏や店先で猫が寛ぐ姿を見ることができる。その他にも、屋根の上や看板など、様々な場所で“猫”を発見！そんな猫を探しながらの散策もまた楽しいだろう。レトロな建物が並ぶ商店街は、のんびりと過ごす猫の姿がぴったりだ。

商店街には猫のグッズを販売する店や猫をモチーフにした商品を販売する店も多い

谷中銀座商店街

住所　台東区谷中
営業時間　店によって異なる
定休日　店によって異なる
アクセス　JR 日暮里駅より徒歩 5 分
URL　http://www.yanakaginza.com/

デパ地下

【デパチカ】

レジャー度 ★★☆☆☆

レア度 ★★☆☆☆

“デパ地下”は日本の食文化の縮図
外国人目線で歩けば新鮮に

外国人観光客が東京観光で楽しみにしていることの一つがショッピング。家電量販店やドラッグストアも人気だが、もう一つ注目を集めているのが〝デパ地下〟だ。日本人にとっては当たり前のデパ地下も、外国人の目には新鮮に映るらしい。外国人観光客が増加している、日本橋にある「髙島屋日本橋店」の地下1階にも寿司、鰻、天ぷらなど、和洋中様々なジャンルの惣菜店が並んでいる。中にはその場で調理するコーナーも。外国人の目線でデパ地下を歩けば、改めて日本の食文化の奥深さを感じることができるだろう。

1. 高島屋日本橋店は平成 21 年に百貨店建築としては初の重要文化財の指定を受けた。建物自体も注目を浴びている　2. 案内係が手動で操作するエレベーターも印象的　3. 美しい野菜や果物が並ぶ光景にも外国人は感激するという

ココが
COOL!

種類豊富なサラダにびっくり！

外国人観光客が喜ぶのは、新鮮で色鮮やかな野菜を使用したサラダ。季節の食材を使用したサラダは種類も豊富。夕食に一品追加するお惣菜を買ったり、お弁当を買ったり、デパ地下の使い道は様々。「空腹の時は行かないほうが良い」と外国人に言わせるほど、デパ地下には魅力がいっぱいだ。

好きなものを必要な量だけという量り売りも嬉しい

髙島屋日本橋店

住所	中央区日本橋 2-4-1
TEL	03-3211-4111
営業時間	10：00 ～ 20：00 〈B2F・8F レストラン街、8F 特別食堂〉 11：00 ～ 21：30
定休日	不定休
アクセス	JR 東京駅より徒歩 5 分、 地下鉄日本橋駅直結
URL	https://www.takashimaya.co.jp/tokyo/

富士そば

【フジソバ】

レジャー度 ★★★☆☆

レア度 ★★★☆☆

精巧な食品サンプルにも感動！日本の「ファーストフード」を味わおう

十数年前に中国語のガイドブックに掲載されたのがきっかけで、日本を訪れる外国人の人気スポットになった「富士そば」。リーズナブルに日本食を味わうことができると多くの外国人が訪れている。首都圏に108店舗（2015年9月現在）あり、富士そばの看板を見ない日はないほど。日本人にとっては、富士そばといえばもちろん、そばだが、外国人に最も人気があるのが、かつ丼だ。低価格にも関わらず、しっかりとした噛み応えのある一枚肉を使用したボリュームが喜ばれている。お腹が空いた日は、さっと暖簾をくぐってみてはいかがだろう。

1. 外国人が初めに驚くのは、店頭に並ぶ食品サンプル。本物のように精巧に作られたサンプルを写真に撮る人も多い　2. 次に驚くのは券売機。先に食券を購入するシステムや機械そのものに感動　3. 店内は椅子が置いてあるので、立ち食いに抵抗がある女性も安心

ココが COOL!

本格的なそばの味

手ごろな値段にも関わらず、味やボリュームにも満足。外国人一番人気のかつ丼と、定番のもりそばセットも680円（一部店舗除く）。毎朝店舗に直送される生そばは茹でたてを提供している。茹でた後に水で締めるひと手間も惜しまない。つゆもお店で出汁をとっている。手軽な立ち食いそばでありながら、本格的な生そばを楽しむことができる。

ボリューム満点の
かつ丼ともりそばのセット

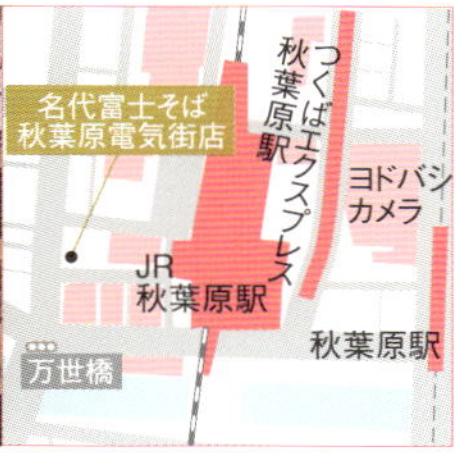

名代富士そば　秋葉原電気街店

住所	千代田区外神田 1-14-1　宝田中央通ビル
TEL	03-6844-7030（ダイタンキッチン（株））
営業時間	24 時間
定休日	1月1日～3日
アクセス	JR・地下鉄秋葉原駅すぐ
予約	不要
URL	http://fujisoba.co.jp/

回転寿司【カイテンズシ】

レジャー度 ★★★☆☆

レア度 ★★★☆☆

タッチパネルに高速レーン 近未来の回転寿司を体感

カウンターには一人一台のタッチパネル。外国語対応なので、外国人だけで来店しても安心だ。タッチパネルに食べたいものを入力すると……、高速レーンに乗って注文した寿司が運ばれてくる。普通の回転寿司のようにレーンをゆっくり回ってではなく、注文したお客のところまで握りたてのお寿司がノンストップ、高速で届く。この様子は、まさに近未来的なレストラン。そんな様子は、外国人のみならず、通常の回転寿司に飽き足りない日本人や子どもにも人気だ。渋谷でリーズナブルなお寿司を、近未来を感じる寿司屋で楽しんでみては。

1

1. 変わりネタや外国人に人気の寿司ロールも味わって。一番人気はえび天巻　2. リーズナブルに、新鮮なネタを使った握りたての本格的な寿司が堪能できる（1皿・129～507円）　3. 頭上に並ぶタッチパネルの様子は圧巻。店内には職人の姿はない。それもまた近未来をイメージさせる理由かもしれない

ココが
COOL!

機械に釘付け

日本の伝統的な寿司を、近未来なシステムで味わうのが、まさにクール。ゆっくり回っているお寿司から、好みのものを選ぶのではなく、全て自分が食べたいものをタッチパネルに入力するだけ。しばらくすると、手元に寿司がものすごいスピードで運ばれてくる。日本の食の伝統と、技術の高さ、そしてエンターテインメント性まで兼ね備えている。

タッチパネルと高速レーン

元気寿司

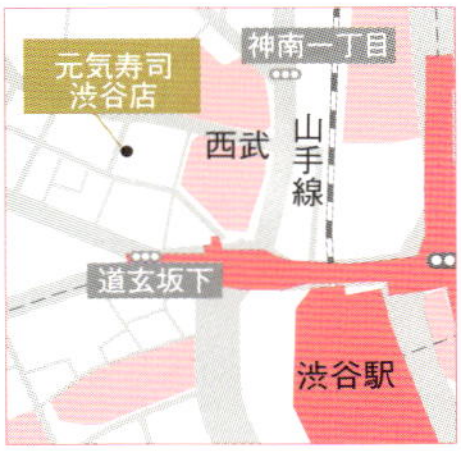

元気寿司　渋谷店

住所	渋谷区宇田川町 24-8 レジャープラザビル 1F
TEL	03-3461-1281
営業時間	11:00～24:00
定休日	無休
アクセス	JR・地下鉄渋谷駅より徒歩 4 分
予約	不要
URL	http://www.genkisushi.co.jp/

びすとろUOKIN新橋店

【ビストロ ウオキン シンバシテン】

レジャー度 ★★★☆☆

レア度 ★★★☆☆

外国人が訪れる新橋のビストロは日本人も驚きのコストパフォーマンス

今、新橋で最も注目を集めているお店と言えば「魚金」。都内のどの店舗も「予約が取れない」と言われるほどの人気店だ。その魚金だが、73頁に登場するパインさんもおすすめの店。訪れる外国人が感動するのは、コストパフォーマンスの高さ。店では日本人も外国人も好みの酒を片手に、魚をおつまみに語り合っている。新橋に多数店舗を構える魚金だが、今、日本人におすすめなのは、魚金のフレンチレストラン「ビストロUOKIN新橋店」。外国人も多く訪れる、日本の赤提灯の雰囲気と海外の街にあるビストロを融合したようなレストランだ。

1. 気軽に楽しむことができる価格で、フレンチ出身のシェフが腕を振るう本格的な料理を味わえる　2. 外国人に人気の「若牛のステーキ」2,480円（税抜）。このボリュームには外国人も大満足。日本人はみんなでシェアしてもよさそう　3. 外国人客も多いため、スタッフにも外国人が多数。英語・フランス語が飛び交う新橋の異国

ココが COOL!

「コスパ」に驚き！

毎朝仕入部が築地で仕入れてくる鮮魚を中心とした料理は、驚きのコストパフォーマンス。中でも、来店者の多くが注文するという「鮮魚のカルパッチョ」は新鮮な刺身が山盛りに。割高な日本のレストランに困っている外国人旅行客も安心の価格だ。異国情緒溢れる店内で、日本の魚の美味しさを、"腹十分目"くらい満足させてくれる店である。

一番人気の「鮮魚のカルパッチョ」（980円・税抜）

びすとろ UOKIN 新橋店

住所	港区新橋 4-6-4
TEL	03-3438-1477
営業時間	〈月～土〉17：00 ～ 23：30（L.O.22：30） 〈日・祝〉16：00 ～ 23：00（L.O.22：00）
定休日	無休
アクセス	JR・地下鉄新橋駅より徒歩 5 分
予約	要
URL	http://www.uokingroup.jp/

外国人に人気の土産 BEST5 かまわぬ 代官山 本店 編

日本独特の柄や繊細な染めが施されたてぬぐい。日本人には見慣れたてぬぐいも、
外国人には新鮮に映るよう。中には額に入れて飾る人もいるそうだ。

Best 1

富士山てぬぐい　800円(税抜)～

富士山をモチーフにしたてぬぐいは、美しい山を「ぼかし染め」で描いたものからカジュアルな絵柄まで様々なデザインが揃っている。季節のてぬぐいと組み合わせて、箱の中に四季を表現したギフトセットも人気。

Best 2

桜タペストリー棒

1,800円(税抜)

てぬぐいを掛け軸風に飾れるタペストリー棒のセット。はさみ込むだけで手軽に飾って楽しむことができる。

Best 3

古典柄てぬぐい (青色てぬぐい)

800円(税抜)～

江戸時代から伝わる古典文様は、日本の普遍的なデザインとして外国人にも人気が高い。特に藍色・青色(ジャパンブルー)のてぬぐいは、色の美しさや微妙な色の違いを楽しみながらセレクトされることが多いそう。

Best 4

鯉の滝登り

1,200円(税抜)

流れ落ちる滝を鯉が力強く昇っていこうとする、躍動感溢れるてぬぐいも人気が高い。立身出世を祈願した縁起柄で、日本では開店祝いや端午の節句に贈られる。

Best 5

手塩皿　700円(税抜)

「手塩皿」とは小さく浅い皿のこと。塩や醤油などの調味料や薬味を盛ったり、小物入れにしたりと用途は自由。てぬぐいの図柄をモチーフにした絵柄もポイント。

かまわぬ 代官山 本店　渋谷区猿楽町23-1　TEL 03-3780-0182　http://www.kamawanu.co.jp/

Enjoy the modern Tokyo

現代の東京を楽しむ

とっておきのビューポイントから世界共通語「KAWAII」のスポットまで、体験に、買い物に、語り尽くせない東京の魅力をご紹介

2004年、母国ミャンマーで日本語を勉強した後、日本の大学へ通う兄を慕って来日。2009年より「日本橋 鰻 いづもや」で配達を担当する。流暢な日本語と親しみやすい爽やかな笑顔で、美味しい鰻を届けてくれる。

いづもや
普段使いから
お土産用まで様々な
生地が揃っています
Guide
PAING SOE HTU from Myanmar
パイン・ソー・トウさん

日暮里繊維街

【ニッポリセンイガイ】

レジャー度 ★★☆☆☆

レア度 ★★★★☆

欲しい生地がきっと見つかる！
繊維の街日暮里

日暮里繊維街は、日暮里中央通りを中心に両側約1キロにわたって、およそ90店の生地織物店が軒を連ねる繊維の街だ。織物、ニット、皮革、繊維製品から関連小物に至るまで、生地織物に関する全てのものを取り揃えている。

この街には、海外からの旅行者も多く訪れる。「成田から36分というアクセスの良さも手伝ってか、外国からのお客様もいらっしゃいます。和柄も人気ですが、日本の手仕事〝メイド・イン・ジャパン〟を求められる方が多いですね」と東京日暮里繊維卸協同組合の理事長浜浦章雄さん。日本製はもちろん、海外インポート生地なども豊富な品揃えだ。

1. 繊維街の中心に位置する「エレガンス」はヨーロッパのインポート生地を中心に扱う　2. 季節毎にセールが行われるのでホームページで確認を。最大の秋の恒例イベントではファッションショーの他、ワークショップやスタンプラリーも　3. 店同士のつながりもあるので、目当ての商品を相談すればお店を紹介してくれる

ココが COOL!

TOMATO

パインさん一押しの「TOMATO」は、ミャンマーの気候にも合った、夏に涼しいインドやネパールなどの輸入生地が豊富にあるので買い物に訪れるという。手頃な値段の生地や掘り出し物もあり、友人、知人を連れて行くと、みんな喜ぶそう。特に人気なのは和柄の生地。日暮里繊維街にはミャンマー語や英語、中国語を表記するお店もあり外国人にも親切だ。

TOMATO は本館、インテリア館、セレクト館、ノーション館、アーチ館がある。目的別に行ってみよう。

東京日暮里繊維卸協同組合

住所　荒川区 東日暮里 5-33-10
TEL　03-3891-8998
アクセス　JR 日暮里駅より徒歩 3 分
URL　http://nippori-senigai.com

しながわ水族館

【シナガワスイゾクカン】

レジャー度 ★★★★★

レア度 ★★★☆☆

イルカに会いに品川へ行こう 外国人に人気のショーも必見

１９９１年に開館した「しながわ水族館」は、１階の海面フロアと地下１階の海底フロアで構成される。25の施設があり、中でもイルカ・アシカスタジアムで行われるショーを目当てに、近年外国人客も多く訪れるという。

海底フロアにある全長22ｍのトンネル水槽では、約１６０種類９００尾もの魚たちが泳ぎ回り、エイやウミガメなどを下から見上げることができる。まるで海の中を散歩しているかのようだ。海面フロアからは見下ろす事も。自然豊かな品川区民公園に隣接し、当日は何度でも再入場可能。１３５０円で一日満喫できるのも嬉しい。

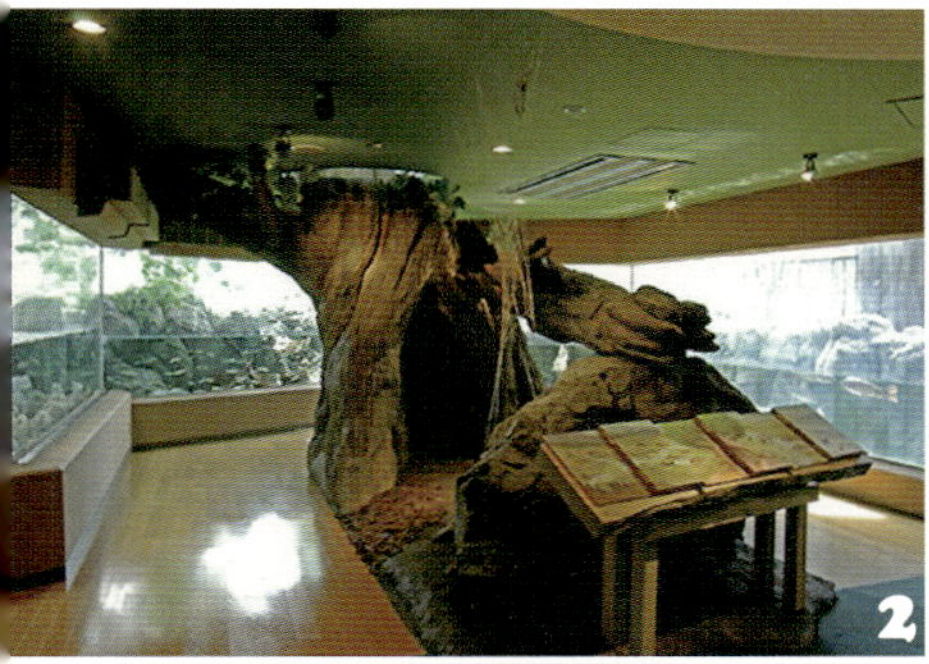

1.「アザラシ館」。アザラシが泳ぎ回る様子を 360° から観察できる　2.「東京湾に注ぐ川」では、森から始まる生物の多様な世界を体現　3. 地下 1 階「遊体験広場」には癒しの空間「クラゲたちの世界」が広がり、記念撮影もできる

JR 大井町駅より無料送迎バスも完備

大人1,350円、小・中学生600円、幼児300円
3才以下無料

ココが COOL!

ショー

迫力満点のイルカショー、かわいらしいアシカショー、様々なパフォーマンスを披露するアザラシショー、魚とダイバーによる水中ショーが毎日行われ、季節にあわせた衣装で登場する事も。「ミャンマーにはイルカショーなどないので、初めて見た時は驚きました。」とパインさん

のびのびと泳ぐイルカ達。華麗にジャンプする姿を見に行こう！

しながわ水族館

住所	品川区勝島 3-2-1
TEL	03-3762-3433
開館時間	10：00 ～ 17：00（入館は 16：30 まで） 〈土・日・祝〉～ 22：00（最終入館 21：00）
定休日	火曜日、1 月 1 日 ※祝日、春休み、GW、夏休み、 冬休みは火曜日でも休まず営業
アクセス	京浜急行大森海岸駅より徒歩約 8 分
URL	http://www.aquarium.gr.jp/

東京シティビュー
【トウキョウシティビュー】

レジャー度 ★★★★★
レア度 ★★★☆☆

東京の中心六本木から360度の都会のパノラマを堪能

六本木ヒルズにある展望台、「東京シティビュー」は、世界最大の旅行口コミサイト「トリップアドバイザー」の口コミで選ぶ「行ってよかった！ 日本の展望スポット２０１５」第２位。「外国人に人気の日本観光スポット２０１５トップ30」に選出されるなど、外国人観光客や海外メディアに注目されている。

52階の屋内展望台は全面ガラス張りで、周囲に高い建物がないため東京の街を見渡せる。そこからさらにエレベーターで開放的なスカイデッキへ。関東随一の高さを誇るオープンエアの展望台は、遠くは富士山、千葉、神奈川、茨城の牛久大仏までも見渡せる。

1. 東京シティビューからは東京のランドマークが一望！ 六本木ヒルズはショップ、レストラン、映画館もある複合施設なので一日中いても飽きない　2. 東京の夜景と星空が同時に手に入る絶景スポット　3. スカイデッキのヘリポートの周りを歩いて風を感じてみよう

ココが
COOL!

スカイデッキ

東京の中心から、自分が訪れた場所を地図のように確認できるところが外国人に人気。スカイデッキはガラスがないので写真撮影にも最適のスポットだ。春には上空からのお花見を、空気が澄む秋から冬にかけては遠く冠雪姿の富士山まで眺めることができる。〈開館時間〉11：00 ～ 20：00（最終入館19：30）※荒天時はクローズ

毎月第４金曜日「六本木天文クラブの日」は、普段は入れないスカイデッキ上のヘリポートに望遠鏡を設置し、天文の専門家による解説付きの星空観察会を行っている

六本木ヒルズ展望台　東京シティビュー

住所	港区六本木 6-10-1　TEL　03-6406-6652
開館時間	〈平日・休日〉10：00 ～ 23：00（最終入館 22：30） 〈金・土・祝前〉10：00 ～ 25：00（最終入館 24：00）
入館料	一般 1,800 円、シニア（65 歳以上）1,500 円 高・大学生 1,200 円、4 歳～中学生 600 円
定休日	不定休
アクセス	地下鉄六本木駅直結
URL	http://www.roppongihills.com/tcv/jp/

舟遊び【フナアソビ】

レジャー度 ★★★★★

レア度 ★★★☆☆

河川を巡るクルージング 川から東京を眺めよう

ビルが林立する東京には、一見すると分かりにくいが、多くの河川や水路が張り巡らされている。ビジネスの中心地・日本橋の袂にも船着場があり、ここからも乗船可能だ。事前予約の他、その場で直接申し込んでもOK。多くの船が発着しているが「舟遊びみづは」は英語ガイドもあり外国人にも人気だ。

注目すべきは、頭上の高速道路やそれを支える橋脚。幾重にも重なるカーブが近未来的で、水面に映る円柱の橋脚が幻想的だと外国人の心を掴んでいる。また、隅田川へ出れば永代橋や清洲橋など大正・昭和期に造られた美しい橋梁群が待っている。

1. 隅田川からの眺望も見どころの一つ　2. 定員を満たした時は乗船できないので事前予約が確実。日本橋船着場をホーム桟橋としている「舟遊びみづは」は乗合・貸切で利用可能。飲食物の持ち込み自由で、仕事帰りの夕暮れのリフレッシュや、家族や友人との思い出に利用したい　3. 高速道路の下を流れる日本橋川

ココが COOL!

日本橋川

高度成長期の 1960 年代。東京オリンピックを迎えるにあたって、日本橋川に蓋をするように造られた高速道路だが、外国人には川の上に高速道路が走っているのが珍しく映るとか。夏でも日陰で涼しく、雨も遮ってくれる。夕暮れ時には、日本橋のライトが灯り、より一層幻想的な雰囲気を醸し出す。

江戸橋ジャンクションに重なる道路。河からの眺めがSF映画『ブレードランナー』のようだと言う人も

舟遊びみづは

TEL	070-6476-9827
営業時間	船着場営業時間及び潮位に準ずる（電話受付は 10 ～ 18 時）
定休日	不定休、HP で確認
アクセス	日本橋船着場（地下鉄三越前駅より徒歩２分）
予約	予約優先（空いていれば当日受付可）
URL	http://www.funaasobi-mizuha.jp（英語版あり）

※天候・風速・潮位の急変動によりコース短縮や変更の可能性あり

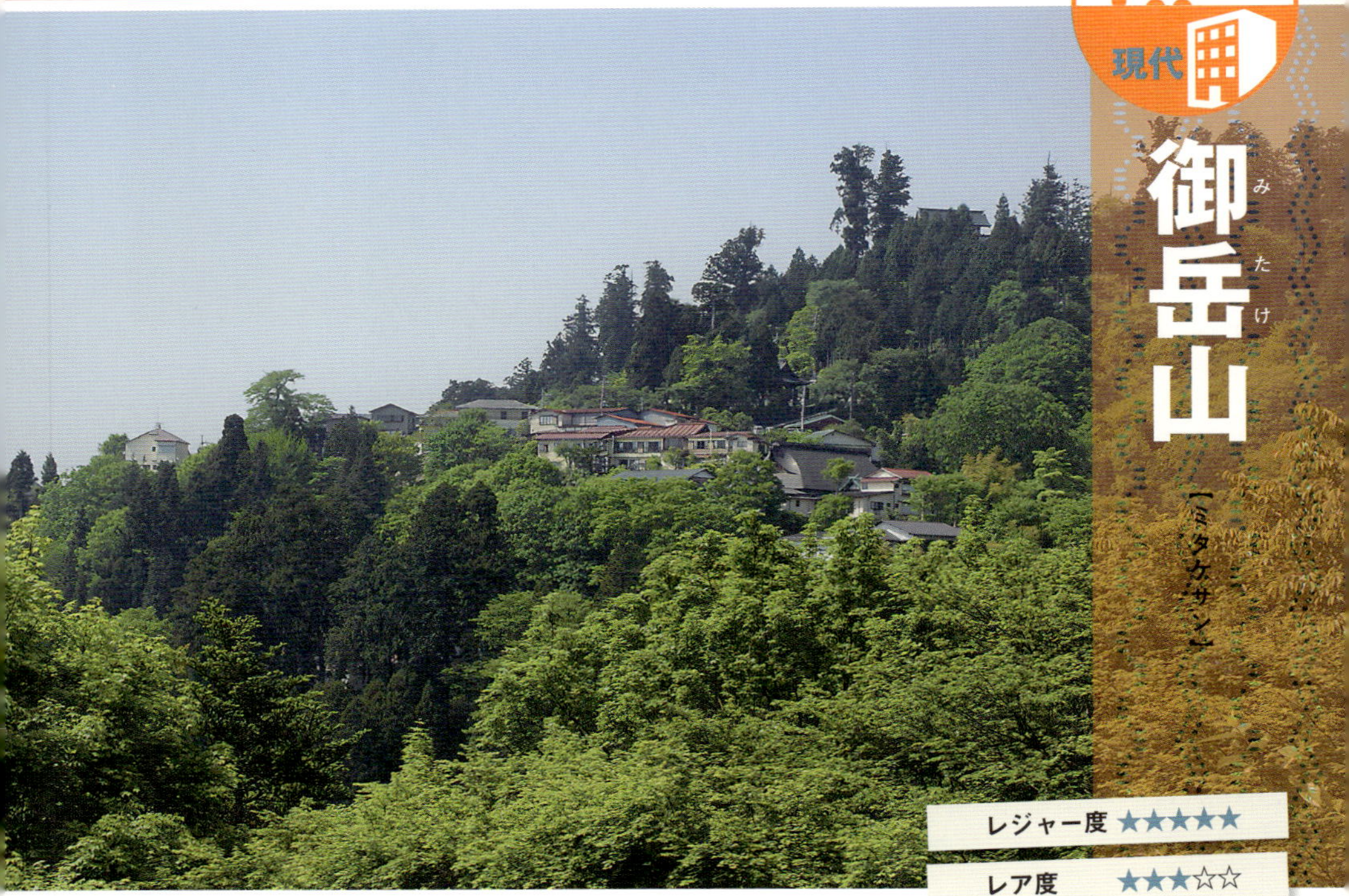

御《み》岳《たけ》山

【ミタケサン】

レジャー度 ★★★★★

レア度 ★★★☆☆

ここは東京のマチュピチュ!?
信仰の山として賑わってきた御岳山

秩父多摩甲斐国立公園の東側に位置する御岳山は、古くより関東随一の霊場として崇敬されてきた。麓の滝本駅からケーブルカーで6分。御岳山駅へ到着すれば四季折々の花々と、自然豊かな景色が迎えてくれる。

武蔵御嶽神社を中心に繁栄してきた御師《おし》集落は、そのほとんどが遠方から来る参拝者のための宿坊だ。天空の門前町での宿泊が、海外からの観光客に人気だという。もちろん日帰りでも楽しめる。アクティブに過ごしたい方にはロックガーデンなどの散策コースが整っているので、国立公園の大自然の中を存分に満喫する事もおすすめだ。

1. 三つの登山コースがあり、そのどれにも見所スポットが。何度訪れても楽しめる　2. 御岳山駅からリフトを利用して大展望台へ。大展望台そばの産安社には良縁・長寿・安産の神様が祀られている　3. 御岳山駅。ケーブルカーはワンちゃんも同乗できるので、愛犬と一緒に訪れたい

ココが
COOL!

武蔵御嶽神社

御岳山山頂にある武蔵御嶽神社は、山岳信仰のシンボルとして、天平８年（736）に行基が蔵王権現を祀ったことに由来する。宝物殿には国宝をはじめ、神社ゆかりの品々が展示されている。神社内の大口《おおくち》眞《ま》神《がみ》社には、日本武尊が難を逃れるよう導いたと伝えられる白狼が祀られ「おいぬ様」として親しまれているところから、犬たちの来山も増えている。

2014 年より、外国人観光客向けに行われるお座敷体験「天空芸者宴」も好評を博している。その他様々なイベントを行っているのでホームページで確認を

青梅市観光協会

住所	青梅市東青梅 1-2-5 東青梅センタービル３F
TEL	0428-24-2481
営業時間	8：30 ～ 17：15
休館日	土・日・祝日
URL	http://www.omekanko.gr.jp/

〈みたけ山観光協会〉 http://www.mt-mitake.gr.jp/
goup-to_mountain@mt-mitake.gr.jp

かっぱ橋道具街®

【カッパバシドウグガイ】

レジャー度★☆☆☆☆

レア度★★★☆☆

豊富な商品知識と品揃え 日本の食を支える専門商店街

南北約800メートルの通りに170店以上が並ぶ日本一の道具街「かっぱ橋道具街®」。調理道具・食器・厨房設備・包装用品など、食に関する道具が何でも揃う。客層は料理のプロが中心だが、一般の人でも気軽に買えるのが嬉しい。近年では外国人観光客も多く、特に和包丁、食品サンプル、陶器、漆器など日本ならではの製品に関心を寄せるという。

通販やホームセンターなどでそれらの道具を購入する人も多い時代だが、豊富な品揃え、詳しい商品知識を持った店員、実際に手にとって納得したものを買えることなど、かっぱ橋道具街®は専門商店街ならではの強みを持っている。

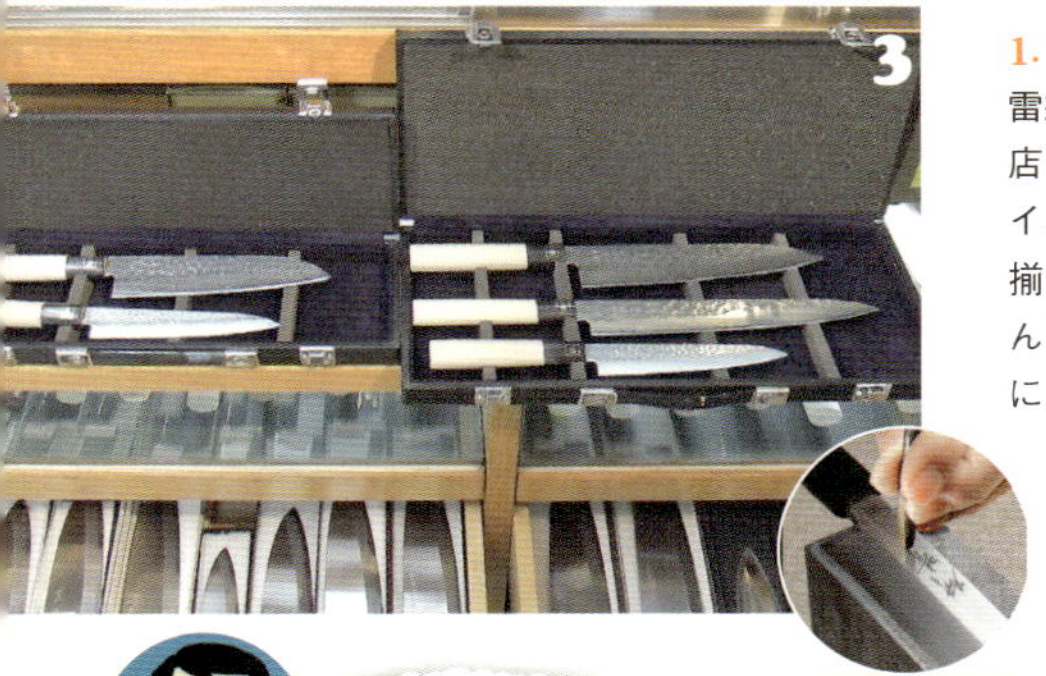

1. 明治時代創業、陶器専門店「小松屋」。ラーメン丼の雷紋マークを図案化して陶器に取り入れたのもこちらの店が始まり　2. 調理道具の「三木商店」。寸胴鍋、フライパン、大判焼機、タコ焼機、鉄板焼機…など何でも揃う　3. 料理包丁の販売と研磨の「かまた刃研社」。どんな包丁でも再生してくれる技術力とお買い上げ商品にその場で手彫り名入れをしてくれるサービスが大好評

ココが COOL!

本物そっくり！の技術

食品サンプルは、実は日本独自の技術だ。食品サンプル専門店の一つ「サトウサンプル」には毎日のように外国人が訪れ、その精巧な作りに「アメージング！」と声を上げるという。同店にはこの道 60 年の熟練の職人もいて、例えばうなぎの焼き具合は、うなぎ料理店ごとに変えるという技術の高さを誇っている。プロの料理人を支える縁の下の力持ちだ。

食品サンプルをロウで作っていたのは昔の事。今は原料が塩化ビニールのため長持ちし、色のバラエティも豊富

かっぱ橋道具街®

住所	台東区松が谷 3-18-2 （東京合羽橋商店街振興組合）
TEL	03-3844-1225
営業時間	各店舗によって異なる
定休日	各店舗によって異なる
アクセス	地下鉄田原町駅より徒歩 5 分
予約	不要
URL	http://www.kappabashi.or.jp/

奥多摩【オクタマ】

レジャー度 ★★★★★

レア度 ★★★☆☆

東京で唯一の森林セラピー基地 奥多摩の大自然を満喫しよう

都心から2時間弱。東京都の10分の1の面積を占める奥多摩の大自然には、外国人観光客も多く訪れる。渓流での川遊びや渓流釣場、日原鍾乳洞など、見所スポットはもちろんだが、今、町を挙げて推奨しているのが森林セラピー（医学的な証拠に裏付けされた森林浴効果）。森林セラピー基地は、現在日本に60か所あり、奥多摩はその一つだ。

駅へ到着後、スタッフの案内に従ってガイドと森の中へ。自然を存分に満喫する事で癒しやリラックス効果があり、実際に免疫力向上や、血圧低下など科学的な研究結果があるそう。

1. 日原鍾乳洞。入場料金大人700円、子ども400円。奥多摩駅からのバスの本数が少ないので、時間帯を調べていくのがおすすめ　2. 奥多摩に伝わるそば打ちを「山のふるさと村」で体験。自分で打ったそばをその場で味わえる　3. 数馬峡渓谷。美しい自然が待っている

ココが COOL!

森林セラピー

森を楽しみながら、心と身体の健康維持・増進、病気の予防を行うことを目指す森林セラピー。登山やハイキングとは異なる五感を使った歩き方に加え、自然や土地の歴史も解説してくれる。ヨガやストレッチなど、様々な体験メニューがあるので、自分に合うツアーを探して参加しよう。点在するスポットを送迎付きで案内してくれるのも魅力の一つだ。

奥多摩町認定ガイドが森林散策をサポート。様々な体験メニューがあるのでHPをチェックしよう

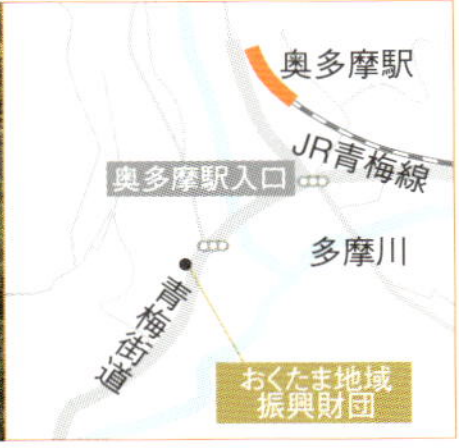

一般財団法人おくたま地域振興財団

TEL　0428-83-8855
URL　http://okutama-therapy.com/index.php

大井競馬場（東京シティ競馬）

【オオイケイバジョウ（トウキョウシティケイバ）】

レジャー度 ★★★★★

レア度 ★★★☆☆

「夜は、いい夢みませんか。」ナイター競馬を楽しもう

1986年に日本初のナイター競馬「トゥインクルレース」を開始した大井競馬場は現在、外国人観光客の誘致にも力を入れている。特にイルミネーションは躍動感ある演出で場内に彩りを添えている。「馬の息づかい、疾走する姿という競馬本来の素晴らしさと共に、迫力たっぷりのイルミネーションや豊富なグルメなど、様々なコンテンツをご用意し、お客様をお迎えしております」と広報担当者。新スタンド「G-FRONT」には、飲食・指定席が充実し、コースの近くからレースが見られるエキサイティングシートを新設。快適な環境で競馬を楽しめる。

2

1

3

1. 外国語（英語・韓国語・中国語）のパンフレット。外国の方向けに警備員等の研修を行っている
2. 食事をしながら観戦できるのも魅力の一つ
3. 都内で唯一のナイター競馬「トゥインクルレース」は 2016 年で 30 周年を迎える

ココが COOL!

イルミネーション

2015 年のイルミネーションのテーマは「journey-illumination ～光の世界を旅する～」。重賞日には 5 ～ 6 メートルの 5 色の炎、日本初の機器によるカラーファイアが噴き上がる。感動的なイルミネーションはデートにもおすすめ。羽田空港からのアクセスに優れ外国人の家族連れも多く訪れる。その他のイベントも充実しているので HP でチェックしてから出かけよう。

2015 年 11 月には新スタンド「G-FRONT」が完成。ワクワク感に拍車がかかる

大井競馬場

住所	品川区勝島 2-1-2
TEL	03-3763-2151
営業時間	開催日程によって異なる
定休日	開催日程によって異なる
アクセス	東京モノレール線大井競馬場前駅より徒歩 2 分、京急線立会川駅より徒歩 12 分
予約	不要（指定席は要予約）
URL	http://www.tokyocitykeiba.com/

※ 1、2 月は昼間開催

池袋防災館【イケブクロボウサイカン】

レジャー度 ★★☆☆☆

レア度 ★★★★☆

初めての体験に外国人もびっくり！いざという時に備えて防災体験を

都民の災害時の行動力を高める目的で昭和61年に開館したこちらは、日本に観光で訪れた外国人や日本語学校の生徒が多く訪れている。1日3回ツアーが行われ、中でも大震災の長周期地震動を再現した災害の疑似体験に関心が集まる。そのほか、火災の際、煙の中をどのようにして逃げるのか、映像を使って、消火器の使い方などの指導もしてくれる。企業や学校での参加が多いが、個人でも、申し込めば無料で目的別のツアー内容を組んでくれるので、電話で相談を。地震のほか、火災時やいざという時の人命救助の備えとして、「防災」の視点で東京の街を見直してみては。

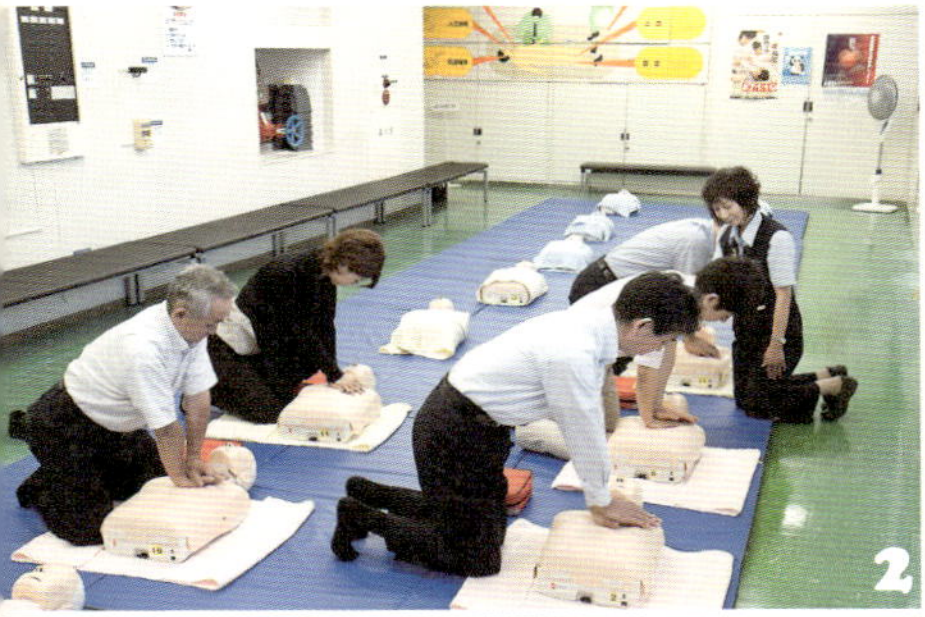

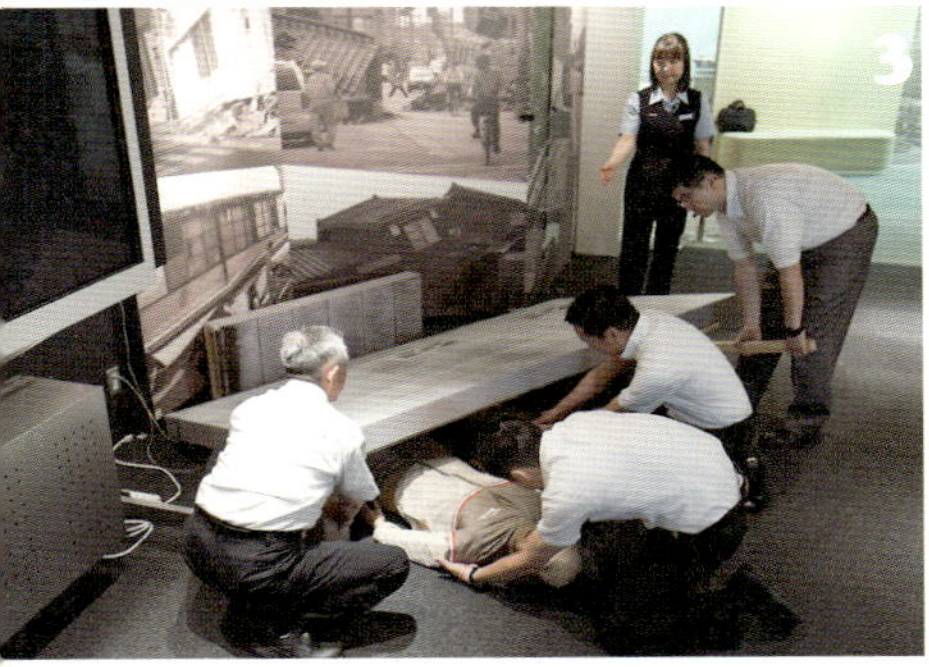

1. 中国、韓国、フランス、ドイツなど様々な国の人が参加し、日本人よりも外国人の方が多い日もあるそう　2. 救急コーナーでは心肺蘇生法やAEDの操作方法を習得　3. 転倒したブロック塀からの救助・救出方法を実際に体験し、技術を身に付けておこう

ココが COOL!

図上訓練コーナー

自分が住んでいる地域の地図上に道路や河川、防災関連施設、危険情報などの情報を書き込み、防災マップを作成。地域の防災力や危険性を把握し、いざという時に備えよう。町会や自主防災組織のほか、学校や事業所を中心とした訓練も可能。（東京都内に限る。地図は館で用意）。 作成した防災マップはいざという時の為に保存を。

10名以上の参加でアドバイスを受けながら防災マップを完成させる50分の体験コーナー。自分がどこへ避難するのかしっかり把握しておこう

池袋防災館

住所	豊島区西池袋2-37-8　4,5F
TEL	03-3590-6565
開館時間	9：00～17：00 （体験コーナーの最終受付は16：15）
定休日	火・第3水曜日（祝日の場合は翌日）、 12/28～1/4
アクセス	JR池袋駅より徒歩5分
予約	要
URL	http://www.tfd.metro.tokyo.jp/hp-ikbskan/

原宿・表参道

【ハラジュク・オモテサンドウ】

レジャー度 ★★★★★

レア度 ★★★☆☆

表参道、裏原、竹下通り…
路地まで入って、色んな景色を楽しんで

世界最大の口コミ旅行サイト「トリップアドバイザー」で、「外国人がクールだと評価した日本の観光スポット」ランキングで一位となった原宿。原宿・表参道一帯の面白さは、歩く通りによって様々な印象を受けることだろう。高級店が立ち並ぶ表参道はファッションの最先端。一本脇道に入ると、こだわりのファッションを楽しむ若者向きの店が並ぶ。多くの人でごった返す竹下通りは常にエネルギーに溢れている。「色んな通りがあるので、路地まで入ってゆっくりまちを楽しんでほしいですね」と地元商店街原宿表参道欅会の担当者。東京の「今」を楽しみたい。

1. 竹下通りは多くの観光客が訪れる。「クレープの食べ歩きを楽しむ外国人も多いですよ」と原宿竹下通り商店会の担当者　2. キャラクター情報の発信地「KIDDY LAND」。ディズニーからリラックマやハローキティーまで、日本・世界の「KAWAII」が集まる　3. 流行の発信地「表参道ヒルズ」。スタイリッシュな外観が店舗を象徴している。ファッションだけでなく、一流の食も楽しむことができるスポット

ココが COOL!

路地散歩の面白さ

原宿の面白さは、路地裏。表参道から横に伸びる細い道にも、多数の店が並んでいる。中でも、キャットストリートは散歩にもおすすめ。渋谷川に蓋をする形で生まれた遊歩道は、近年整備され、歩きやすい道となった。左右には、カフェや服飾雑貨店が並び、何時間歩いても見飽きることがないだろう。

多数の店舗が並ぶキャットストリート

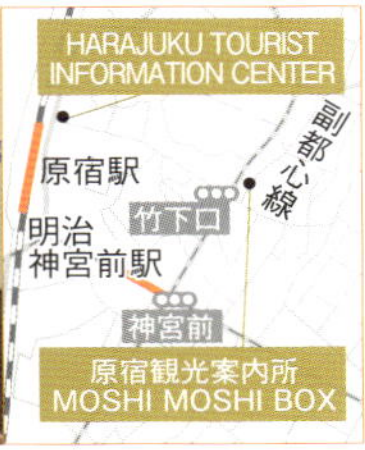

原宿観光案内所　MOSHI MOSHI BOX

住所　渋谷区神宮前 3-23-5 1F
開設時間　10：00 ～ 18：00
アクセス　JR 原宿駅より徒歩 5 分

HARAJUKU TOURIST INFORMATION CENTER

住所　渋谷区神宮前 1-19-11 はらじゅくアッシュ 1F
TEL　03-5770-5131
営業時間　11：00 ～ 19：00
アクセス　JR 原宿駅より 30 秒

千代田区　2時間　体験　現代

秋葉原探検【アキハバラタンケン】

レジャー度 ★★★★★

レア度 ★★★☆☆

AKBやメイド喫茶だけじゃない 秋葉原の魅力を満喫

電子機器、メイド喫茶、AKB…。かの有名な秋葉原、実は知っているようで意外と知らない事がたくさんあるという。そんな秋葉原のディープな魅力を体験できるツアーが外国人から人気を集めているそうだ。

「アキバディープトラベル」で一番人気のツアーは、2時間で秋葉原の観光名所を回る「秋葉原初体験ツアー」。女性の板前が握る寿司屋や、電子パーツ街見学、レトロゲーム体験など、知らなかった秋葉原を体験できる。他にも食べ歩きツアーや電子機器の工作ツアーなど、選べるツアーはもりだくさん。コースもアレンジできるので気軽に相談してみては。

1.「秋葉原初体験ツアー」のツアー風景。最新のラジコンを操作して大人たちも笑顔　2.「食べ歩きツアー」では、秋葉原名物のおでん缶も試してみよう　3. 期間限定の「神田川クルーズ」

ココが COOL!

ガチャポンの聖地

大人から子どもまで、老若男女が楽しめる人気スポットが、ガチャポンの聖地「秋葉原ガチャポン会館」だ。休日には多くの人であふれかえり、時には身動きが取れないほど。店内には400台を超えるガチャポンが所狭しと並び、視界のほとんどがガチャポン状態。懐かしいものから最新作まで揃っているので、欲しいものがきっと見つかるはず。

毎月約50タイトルの新作が入荷するので、何度来ても楽しめる。珍しいガチャポンもたくさん

アキバディープトラベル

住所	千代田区外神田 1-14-2 秋葉原ラジオセンター 409
TEL	03-6206-9069
営業時間	10：00 ～ 17：00
定休日	土・日・祝日
アクセス	JR 秋葉原駅より徒歩 1 分
URL	http://adt.moe/

施設イメージ

サンリオピューロランド
【サンリオピューロランド】

レジャー度 ★★★★★

レア度 ★★★☆☆

世界中から愛されるハローキティ大人女子にも人気の注目スポット

　１９９０年のオープン以来、サンリオピューロランドは老若男女に愛されているテーマパークだ。サンリオといえば、２０１４年に誕生40周年を迎えたハローキティ。「kawaii」が世界共通語となり世界中にファンがいることから外国人客も増加している。

　マイメロディ、キキ&ララがショーやパレードに登場し、夢の世界を演出している。アトラクションを体験した後はレストランへ。かわいいキャラクターがデザインされたオリジナルメニューは、食べるのが勿体ないくらい。家族連れやカップルの他、大人女子にも人気のスポットだ。

1. 体験型のアトラクションは、サンリオキャラクターの世界に迷い込んだよう　2. 25th 記念パレード「MiracleGift Parade」は 2015 年 12 月 5 日スタート。パレードやショーは見所の一つだ　3.3 つのレストランとカフェ。ぜひキャラクターメニューを食べよう！

［パスポート］平日　大人 3,300 円、小人 2,500 円
休日　大人 3,800 円、小人 2,700 円

ココが COOL!

レディキティハウス

いつも行列ができる人気のスポット。バラ庭園、ドレスタワー、スイーツに囲まれたベッドルーム、茶室など、女の子が憧れる夢のような部屋で、レディキティのライフスタイルを体感できる。 アトラクションの最後にはレディキティとの記念撮影。「Kawaii ×セレブリティ」な世界を体験できるアトラクションだ。

「レディキティ」とはこのアトラクションのためだけにデザインされた、ハローキティ。キティと直接触れ合えるのも人気の理由

※休日とは、土日・祝日およびピューロランドが指定する学校休日

サンリオピューロランド

住所	多摩市落合 1-31
TEL	042-339-1111（9：30 ～ 17：00 休館日除く）
開館時間	平日 10：00 ～ 17：00、土曜～ 20：00、休日～ 18：00
定休日	不定休
アクセス	京王線・小田急線・多摩モノレール 多摩センター駅より 5 分
予約	不要
URL	http://www.puroland.jp/

©2015 SANRIO CO., LTD.

千代田区　1時間　買い物　現代

東京キャラクターストリート

【トウキョウキャラクターストリート】

レジャー度 ★★★☆☆

レア度 ★★★☆☆

東京駅直結。お気に入りのキャラクター目当てに世界中のファンが集まる

「東京駅一番街」は、お菓子・ラーメン・キャラクターのエリア等で構成される東京駅八重洲口直結の商店街。乗車のついでだけではなく、家族連れのショッピングや食事、デートや女子会でも利用される程、ショップが充実している。

　海外での日本アニメ放映もあって、外国人に人気なのが「東京キャラクターストリート」だ。在京キー局のオフィシャルショップをはじめ、計26の人気キャラクターショップが集結している。ここでしか販売していない限定品もあり、外国人観光客はもちろん、全国から日本人のファンも多く訪れる。

© BS/S © AD/S © O/S・F・T © B/S・F・T

© 2015 Pokémon. © 1995-2015 Nintendo/Creatures Inc. /GAME FREAK inc.
ポケットモンスター・ポケモン・Pokémonは任天堂・クリーチャーズ・ゲームフリークの登録商標です。

1. ポケモンストアは東京駅限定の駅長ピカチュウが店頭でお出迎え　2. 松竹歌舞伎屋本舗。常駐する職人がその場で開運の小槌を手作りしてくれる。色鮮やかな手拭いも人気　3.JUMP SHOP。売れ筋は『ONE PIECE』や『SLAM DUNK』の商品。店長千野さんが持つ『DRAGON BALL』のお菓子も外国人観光客に人気

ココが COOL!

リラックマストア 東京駅

こちらで外国人に人気の商品は、東京駅丸の内駅舎デザインのレアなぬいぐるみや、スカイツリーとコラボしたかわいいぬいぐるみ。また、食品サンプルと同様に精巧な作りの食玩も揃えて、部屋に飾りたい。限定販売のトートバッグもお土産に喜ばれそう。

「あつめてぬいぐるみ」
2,160 円
東京駅限定トートバッグ
2,940 円

Tokyo Station Marunouchi Bldg.

©2015 SAN-X CO., LTD. ALL RIGHTS RESERVED.

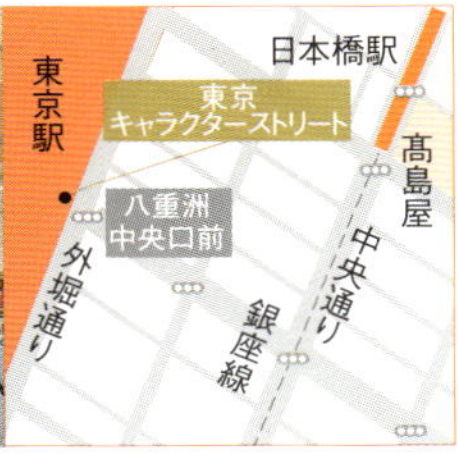

東京駅一番街

住所　千代田区丸の内 1-9-1
TEL　03-3210-0077
営業時間　各店舗による
定休日　各店舗による
アクセス　JR 東京駅　八重洲口出てすぐ
URL　http://www.tokyoeki-1bangai.co.jp/

外国人に人気の土産 BEST 5 KIDDY LAND 原宿店 編

原宿の「KIDDY LAND」には、世界に広まる日本の「KAWAII」を求め、
多くの日本人・外国人が訪れる。外国人に人気の商品は、日本文化の“今”を感じるものばかり！

Best 1

たのしいおすしやさん

250円(税抜)

粉と水とキャンディで本物そっくりの「おすし」を作ることができるお菓子のキット。「しょうゆ」も付いているので、帰国しても日本気分を味わえる。

Best 2

キミドール

900円(税抜)～

オーストラリアのデザイナーが東洋文化にインスパイアされて生まれた。幸運をもたらすと世界中で大ヒットしている。

Best 3

ソーラー舞妓ちゃん

1,500円(税抜)

ソーラーパネルに光が当たると、頭がゆらゆら揺れる舞妓ちゃん。日本的な和風のお土産として大人気。

Best 4

コップのフチ子

650円(税抜)

OL 風の女性がコップの縁に腰かけたり、ぶら下がったりするフィギュア。様々な場所に置いて撮影した写真を SNS に公開することで人気が爆発。

Best 5

ナノブロック

680円(税抜)～

通常のダイヤブロックのミニサイズ。1つのポッチがわずか 4mm なので、より小さく、よりリアルに作れる。大人がはまるホビーマテリアル。

KIDDY LAND 原宿店　渋谷区神宮前6-1-9　TEL 03-3409-3431　http://www.kiddyland.co.jp

More interesting spots in TOKYO

ディープな東京を楽しむ

日本人も再発見…いや、新発見!? 「こんな東京知らなかった」「あらためて見ると新鮮!」というディープスポットを訪ねてみよう。

2010年4月、ネパールから日本へ。日本語学校、ホテル専門学校を卒業後、ホテルのレストランマネージャーが彼の接客と笑顔を見てスカウト。2015年4月より「ザ・ゲートホテル雷門」に勤める。

カフェのスタッフが
突然踊り出すレヴューに
衝撃!
Guide
Sabin Bajracharya from Nepal
サビン・バジュラチャリヤさん

アミューズカフェシアター

【アミューズカフェシアター】

レジャー度 ★★★★★

レア度 ★★★☆☆

レヴューの輝きを現代に！浅草で昭和文化を満喫

戦前から戦後の東京オリンピックの頃まで文化・芸能の発信地であった浅草。映画館や劇場が立ち並び、歌・ダンス・演劇から構成されるレヴューが大流行した。

2014年、往時の賑わいを再び取り戻そうと、「アミューズカフェシアター」がオープン。「ショーを見ながら飲食を楽しむことは欧米では当たり前の文化ですが、日本にはまだ根付いていません。ここから発信していきたい」と運営スタッフは語る。

舞台に立つのは、浅草で数多くの公演回数を重ねてきた「虎姫一座」だ。懐かしの昭和歌謡曲や洋楽を現代風にアレンジし、三世代で観ても楽しめる。

1. 華やかな世界に包まれるレヴュー　2. 公演開始時間にお腹を空かせて駆け込んでも大丈夫。料理にもこだわり、ショーの前後にしっかりと食事ができる。写真は一番人気の「牛フィレカツ（わさび醤油）」　3. ステージと客席が近いのもアミューズカフェシアターの魅力

ココが COOL!

サプライズな演出

卓越した歌唱力とアクロバティックなダンス、笑いにあふれた演劇によるステージを届けている虎姫一座。アミューズカフェシアターでは、虎姫一座のメンバーがカフェのスタッフも兼任している。職場の仲間と一緒に訪れたことがあるというサビンさんは、「接客したり料理を作っていたスタッフたちが突然、ステージで歌い踊り始め、ビックリしました」とのこと。

民謡、和太鼓、チアリーディング、新体操など、様々な経験者がそれぞれの個性を活かす虎姫一座

アミューズカフェシアター

住所	台東区浅草2-10 ドン・キホーテ浅草ビル7F
TEL	03-5830-3955
営業時間	昼の部12:00～15:00、夜の部18:00～21:30
定休日	月曜日※スケジュールは事前にご確認ください
アクセス	つくばエクスプレス浅草駅より徒歩1分、地下鉄浅草駅より徒歩8分
予約	要（TEL 03-5826-0315 チケロク）
URL	http://amusecafe.tokyo

港区　3時間

体験 ディープ

お台場

【オダイバ】

レジャー度 ★★★★☆

レア度 ★★☆☆☆

さわやかな海風に吹かれ東京の海を満喫しよう

家族連れや若者で賑わうお台場は、外国人観光客にも人気のスポットだ。レジャーやショッピングを楽しんだ後は、地名の由来となっている「台場」にも足を運んでみよう。

お台場海浜公園駅からレインボーブリッジ方面に歩くと、台場公園（第三台場）に行くことができる。ここは幕末、黒船の影におびえた幕府が築いた人工島で、大砲を設置して江戸防衛のために備えたのだが、日米和親条約締結により実際に使用されることはなかった。賑やかなお台場海浜公園とは裏腹に訪れる人も少なく、穴場スポットだ。空と海の青、そして木々の緑が目にまぶしい。

1. お台場の自由の女神像は、1998 ～ 99 年、「日本におけるフランス年」を記念してフランスからお台場海浜公園に貸し出されたものが好評だったため、返却した女神像から直接型取りして、同じサイズ・製法（ブロンズ鋳造）で完全復刻された 2. 「おだいばビーチ」の砂浜は、伊豆諸島の神津島の砂を使用している 3. 磯浜エリアでは磯遊び、潮干狩りが楽しめる。潮干狩りは、資源保護のため稚貝（あさりの場合、10 円硬貨サイズ以下のもの）を採ることは不可

ココが COOL!

ここにも自由の女神像

有名なニューヨークの自由の女神像は、アメリカ合衆国の独立 100 周年を記念してフランスから贈呈されたもの。一方、パリにある自由の女神像は、その返礼としてパリに住むアメリカ人たちがフランス革命 100 周年を記念して贈ったもの。「友達にお台場の自由の女神の写真を送ったら、アメリカに行ったの？って聞かれました（笑）」とサビンさん。

パリの自由の女神像と同じ高さ 11.9m（台座含む）

お台場海浜公園

住所	港区台場 1 丁目
TEL	03-5500-2455（公園センター）
アクセス	ゆりかもめ お台場海浜公園駅 または台場駅より徒歩 3 分
予約	不要
URL	http://www.tptc.co.jp/park/01_02

画像提供：東京港埠頭㈱

日本みやげ自販機

【ニホンミヤゲジハンキ】

レジャー度 ★★☆☆☆

レア度 ★★★★★

クールな組み合わせ！
自販機＋日本みやげ

町中の至る所に自動販売機がある光景は、日本人にはごくありふれた景色だ。だが、外国人にとっては珍しいようで、日本の治安の良さの象徴だと考えられている。

外国人観光客に人気の渋谷に、日本みやげを自販機で販売する店がある。「和雑貨渋谷丸荒《まるあら》渡辺」。もとは呉服店だったが、１９９８年から日本のみやげ物を中心に取り扱うようになった。自販機は２０１２年から店の脇に設置。店が閉まっていても24時間日本みやげが買えるため、外国人の間で、口コミで人気スポットになっている。「日本旅行の思い出に楽しんでいただけたら」と店主の渡辺欣嗣さん。

1. 自販機で日本手拭いを販売。外国人は手拭いをスカーフにするなど、自由な使い方をするという　2. 一番の人気商品は、折鶴のイヤリング（写真中央）。他にもちりめんのネクタイピン、寿司のマグネットなどが買える　3. 自販機だけでなく、お店の中にもぜひ入ってみよう。様々な日本みやげが所狭しと並んでいる

ココが COOL!

思い出がおみやげに

販売品とは別に、店内のいたるところに、諸外国の民芸品や絵などが飾られている。来店する外国人は自分の国のモノを見つけ、思わずニッコリ。渡辺さんは「旅で大事なのは、みやげ品ではなく、心に残る思い出なんです。『みやげ』を表す英語“Souvenir”は、フランス語の『思い出す』の意味が語源ですから」と、本来の「みやげ」の在り方を熱く語る。

赤いニワトリの置物はポルトガルの、奥の黄色い象はオランダのもの

和雑貨 渋谷丸荒渡辺

住所	渋谷区宇田川町 16-8
TEL	03-5456-9550
営業時間	11：00 ～ 19：00 〈土・日・祝〉13：00 ～
定休日	水曜日
アクセス	JR・地下鉄渋谷駅より徒歩 4 分
予約	不要
URL	http://www.maruara.com/

忍者体験

【ニンジャタイケン】

レジャー度 ★★★★☆

レア度 ★★★☆☆

気分は一流忍者
大人も夢中になる忍者体験

猿飛佐介、赤影、うずまきナルト…。縦横無尽に駆け回り、人知れず悪を倒す。そんな忍者に憧れたことがある人も多いはず。忍者の人気はテレビアニメや漫画の影響もあり、今では世界レベルで広まっている。

ここ、浅草の老舗遊園地「浅草花やしき」に併設した「花やしき流忍者体験道場」も外国人観光客の評判を呼んでいる。体験できるのは抜刀術、隠れ身の術、手裏剣術の3種類。スタッフの格好良い実演の後は、ビシッと額当てを締めて自分が忍者になる番。童心に返って、忍者になった気分を味わってみよう。

1. まずはスタッフの説明を聞こう。キレのある抜刀術に歓声が上がることも。大人の参加者も多く、中には本格的なコスプレをして来る人も　2. 一見簡単そうな隠れ身の術もやってみると意外と難しい　3. 刀を構えれば、皆真剣な表情に

ココが
COOL!

一番人気は手裏剣術！

３つの体験コースの中でも一番人気は、なんといっても手裏剣術。しかもこちらでは鉄製の手裏剣を使うためリアリティ抜群。安全のため刃はついていないが、ゴム製の手裏剣にはない重みがあり、本物の忍者になった気分を味わえる。手裏剣を構え、目指すはど真ん中。的に意識を集中して、華麗に命中させたい。

本物と見まがう鉄製の手裏剣に大興奮。ふざけると危ないので、真剣に臨んで

花やしき流忍者体験道場

住所	台東区浅草 2-28-1（浅草花やしき園外）
TEL	03-3842-8780
営業時間	10：00 ～ 18：00
定休日	メンテナンス休園（要問合せ）
アクセス	つくばエクスプレス浅草駅より徒歩３分
予約	要
URL	http://www.hanayashiki.net/

新宿区　1時間30分

体験
ディープ

ロボットレストラン

【ロボットレストラン】

レジャー度	★★★★★
レア度	★★★☆☆

店内はまるで海外の雰囲気 ロボットと美女の共演

海外のメディアでも大きく取り扱われ、今話題になっているのが新宿歌舞伎町の「ロボットレストラン」だ。店内に入ればそこは外国のショーレストランのような雰囲気。実際、お客さんの8割が外国人だ。「ロボット、戦車、飛行機とキュートなダンサー、少年の好きなものを全部詰め込んだ」というコンセプト通り、店内で繰り広げられるのは、ロボットと美女が入り乱れるエンターテインメントショー。その何でもありの空間は、外国人だけでなく日本人にもウケている。食事をしながらショーを楽しむ文化を、新宿から発信している話題のスポットだ。

1. ペンライトを持ったお客さんたち。店内はさながらアメリカのショーレストランのよう 2. ショーは SF 映画を見ているかのような豪華さ 3. まるで本物のように動く、巨大な蛇のロボット

ココが COOL!

総額 100 億円のロボット

日々店内を盛り上げているのは、総勢 15 ~ 20 名のダンサーと総額 100 億円とも言われるロボットたち。巨大なロボットがダンサーを乗せて動き回る多彩なショーは迫力満点。ダンサーとして舞台にも上がるオーナー率いるダンスグループ「女戦」の一糸乱れぬパフォーマンスも必見だ。

どこか可愛らしい表情のこちらのロボットも、その大きさは 2 メートルをゆうに超える

ロボットレストラン

住所　新宿区歌舞伎町 1-7-1 新宿ロボットビル B2F
TEL　03-3200-5500
営業時間　15:30～23:00（平日3公演、土・日・祝 4 公演）
定休日　不定休
アクセス　JR・地下鉄新宿駅より徒歩 5 分
予約　要
URL　http://www.shinjuku-robot.com/

西武園ゆうえんちフィッシングランド

【セイブエンユウエンチ　フィッシングランド】

レジャー度★★★★★

レア度★★☆☆☆

流れるプールが巨大な釣堀に！オフシーズンも水辺を満喫

夏が終わり、プールを遊ばせておくのはもったいない…。ならば、流れるプールを巨大釣堀にしてしまおう！　と大胆な発想から２００３年に始まった「西武園ゆうえんちフィッシングランド」。ニジマスを中心にイトウ、イワナ、ヤマメなど数種類の魚が放流され、50センチオーバーのサイズが釣れることも。

釣具はレンタル可能で、手ぶらでもＯＫ。この手軽さがウケたのか、外国人の家族連れの姿もちらほら。釣った魚は持ち帰ることも、その場で焼いて食べることもできる。お昼ごはんを食べながら一日のんびり過ごそう。

1. フィッシングランドは緑豊かな西武園ゆうえんち内にある。おとな（中学生以上）はえさ釣り2,000円、ルアー釣り2,600円。小学生以下の子どもはえさ釣り1,300円、ルアー釣り1,900円（西武園ゆうえんち入園料と魚の持ち帰り3匹まで込み。4匹目からは1匹につき300円） 2. 夏は流れるプールとして営業 3. 自分で釣った魚は美味しさもひとしお

ココが COOL!

釣った魚を炭火焼き！

「炭火焼きコーナー」では釣った魚をその場で炭火焼きにして食べられる。醤油などの調味料や、皿、箸などが備えられているため、手ぶらで来ても大丈夫。青空の下、缶ビールを開け、仲間とワイワイしながら食べるのは格別だ。食べきれない魚は、スタッフがビニールに氷を入れて持ち帰りやすくしてくれる。一日楽しんだ上に、家に帰ってからも楽しめるのが嬉しい。

煙と匂いが食欲をそそる

西武園ゆうえんち フィッシングランド

住所	埼玉県所沢市山口2964
TEL	04-2922-1371
営業期間	秋（10月頃）～春（5月初旬）7:00～16:00頃
定休日	期間中なし（荒天時は休止）
アクセス	西武新宿線、西武山口線「西武遊園地」駅前
予約	不要
URL	http://www.seibuen-yuuenchi.jp/fishing/

木馬館大衆劇場

【モクバカンタイシュウゲキジョウ】

レジャー度 ★★★★★

レア度 ★★★☆☆

息を呑む立ち回り！
艶やかな着物姿！

　大衆演劇は「旅役者」と呼ばれる劇団が各地をまわって公演する。一部にミニショー、二部に人情劇や時代劇などが演じられ、三部には歌謡ショーや舞踊ショーと盛りだくさん（劇団によって異なる）。テレビでチラッと見たことはあるけれど…という方は、ぜひ劇場にも足を運んでほしい。客席と舞台の距離が近く、一体感は抜群だ。芝居の内容はもちろんのこと、きらびやかな衣裳、女形の艶やかな姿、観客の熱気など、劇場ならではの臨場感を楽しめる。

　浅草の木馬館大衆劇場は、観光地・浅草という土地柄、外国人の姿もチラホラ。日本語がわからなくても、立ち回りや舞踊姿だけでも十分楽しそう！

1. 艶やかな花魁姿の女形（「章劇」の座長・澤村蓮さん）。着物の美しさも外国人の心をつかむ　2. 観劇料金がリーズナブルなのも魅力だ。大人 1,600 円、子ども 900 円　3. 月毎に公演する劇団が入れ替り、関係者から送られた花輪が劇場前を飾る

ココが
COOL!

役者との一体感

大衆演劇の常連ファンを虜にしているのは、何と言っても手の届く距離に役者がいる、ということだろう。公演中、贔屓のお客はお札をつなぎ合わせたご祝儀を役者の首にかけたり、扇状にして胸元にさしたりする。公演終了後には役者が観客を見送る「送り出し」が行われ、劇場前は黒山の人だかりに。記念写真を撮るなど、楽しいひと時を過ごせる。

「送り出し」では役者が気さくに記念撮影に応じてくれる

木馬館大衆劇場

住所	台東区浅草 2-7-5
TEL	予約 03-3845-6421　劇場 03-3842-0709
営業時間	昼の部 12:00 ～ 15:30、夜の部 17:00 ～ 20:30
定休日	不定休
アクセス	地下鉄浅草駅より徒歩 10 分
予約	不要
URL	http://www15.atpages.jp/shinoharaengeki/mokubakan.htm

カプセルホテル

【カプセルホテル】

レジャー度 ★★★☆☆

レア度 ★★★★☆

狭さがかえって心地イイ 日本が誇る省スペース空間

「まるで宇宙船の中にいるよう」と、今、外国人に人気なのがカプセルホテルだ。身体にフィットする狭さが快適という声もあるという。

新宿歌舞伎町の「グリーンプラザ新宿」には欧米人のバックパッカーをはじめ、月に千人を超える外国人旅行客が訪れている。ホテル内には大浴場や露天風呂、三種類のサウナルーム、食事処を備え、カプセルホテルとは思えないほどの充実ぶりだ。こちらで好評なのが、お風呂のイベント。５月５日の菖蒲《しょうぶ》湯や冬至の柚子湯、入浴剤で日本各地の名湯に浸かった気分を味わえるなどの趣向が喜ばれている。お風呂だけの利用もＯＫ。

1. 広々とした大浴場に外国人旅行者のテンションもUP！ 2. 充実したアメニティも嬉しい 3. 露天風呂に浸かって開放感を味わって
〈通常料金〉スタンダードカプセル 1 泊 4,800 円
（全室コンセント、Wi-Fi 付）

ココが COOL!

こだわりのサウナ

サウナの本場フィンランドで生まれたロウリュサウナ。アロマウォーターを熱した石にかけ、蒸気によって発汗を促す。サウナ好きの方には「ヒマラヤ岩塩浴サウナ」がおすすめ。ネパールの海抜 5,000 m付近から採取した約 4 億年前の天然岩塩は、放出されるマイナスイオンによってリラックス効果を促すという。

スタッフがタオルで扇ぐロウリュサービスは 1 日 5 回開催。心地よい汗で心身ともにリフレッシュ。ただ、くれぐれも無理はしないで

グリーンプラザ新宿

住所	新宿区歌舞伎町 1-29-2
TEL	03-3207-5411
営業時間	24 時間 チェックイン 15:00、チェックアウト 10:00
定休日	無休
アクセス	JR・地下鉄新宿駅より徒歩 5 分
URL	http://www.hgpshinjuku.jp/

銭湯【セントウ】

レジャー度 ★★☆☆☆

レア度 ★★★☆☆

「あ～、気持ちよかった」460円で味わえる極楽気分

大きな湯船。カコーンと風呂桶の音が響く高い天井。銭湯には自宅の風呂では味わえない心地良さがある。家に風呂のある家がほとんど、という今の時代だが、それでも銭湯ファンは絶えることがない。

ビルの中に造られた現代的な銭湯もあるが、ここ稲荷湯は昔ながらの宮造りの建築様式。神社仏閣のような外観に惹かれてか、あるいは人気漫画で映画にもなった「テルマエ・ロマエ」でロケ地となった影響か、外国人もたまに訪れるという。

明治時代創業、建物は昭和5年（1930）築。「気持ち良くお風呂に入っていただきたい」と、深夜まで家族総出で隅から隅まで掃除をする。

1. 昔ながらの木の風呂桶。営業終了後は、一つずつタガまでピカピカに磨く　2. 湯上がりに脱衣所で飲むビン牛乳は、不思議と美味しい　3. 広々とした湯船で手足を伸ばそう

ココが COOL!

銭湯の謎!?

東京の銭湯は宮造りの建築が特徴的。銭湯そのものは江戸時代から庶民に愛されてきたが、このような外観が広まったのは意外と新しく、大正時代の関東大震災以降のこと。また、富士山や磯の景色が見事なペンキの背景画も大正時代から。神田猿楽町「キカイ湯」（現在は廃業）が「子どもが喜んで風呂に入れるように」と願い、ペンキ絵を考え出したという。

神社仏閣のような建物に、外国人も興味津々

稲荷湯

住所　北区滝野川 6-27-14
TEL　03-3916-0523
営業時間　14：50 ～翌 1：15
定休日　水曜日
アクセス　地下鉄西巣鴨駅より徒歩５分
大人 460 円 、中学生 300 円 、子ども 180 円 、幼児 80 円（親と一緒の場合２名まで無料）

学園祭

【ガクエンサイ】

レジャー度 ★★★☆☆

レア度 ★★★☆☆

学生のエネルギー感じるキャンパスで世界中の文化と食にふれる

動画サイトなどで海外の人々から反響を得ている日本の大学の学園祭。中でも、府中市にある東京外国語大学の学園祭「外語祭」は、90年以上の歴史を誇り、国際色豊かで留学生も多いため、外国人にも親しみやすく人気となっている。もちろん日本人でも楽しめる学園祭の見所は、世界中の様々な地域の本格的な料理やお酒を楽しむことができる「専攻語地域料理店」。また、専攻語の言語学習の成果を発表する「語劇」も人気。脚本、演技指導、裏方作業まですべてを学生が行う完成度の高い演劇だ。期間中は、キャンパスがまるで世界の縮図のようになる。

1. 専攻語地域料理店や模擬店が並ぶ。大使館直伝のレシピやネイティブの先生に教わった料理など、本格的な世界の料理を楽しむことができる　2. スペイン語専攻料理店のエンパナーダという料理　3. キャンパス内は様々な民族衣装を身にまとった学生で溢れている

ココが COOL!

完成度が高い語劇

100年以上の歴史がある「語劇」。2年生が中心となり、脚本や演技指導など、全てが学生の手作り。細部にもこだわって作られた衣装等も美しい。その地域ならではの話を話題にしたり、リメイクを行ったり、ネイティブ教師の発音指導の下、夏休みを利用して長い時間をかけて練習している。日本語字幕もついているので、言葉がわからない人にも安心だ。

手作りのカラフルな衣装が舞台を彩る

外語祭（東京外国語大学）

住所	府中市朝日町 3-11-1
TEL	042-330-5159（総務企画課）
開催日	11月下旬の連休前後5日間 ※詳しくはホームページでご確認ください
アクセス	西武多摩川線多摩駅より徒歩5分
予約	不要
URL	http://gaigosai.com

カラオケバー

【カラオケバー】

レジャー度 ★★★★★

レア度 ★★★★★

外国人が集まる「洋楽カラオケバー」で、カラオケを新鮮な気分で楽しもう

日本人におなじみのカラオケボックスだが、今海外からの観光客にも人気となっている。完全なるプライベートスペースに驚き、液晶画面のリモコンに日本の技術の高さを感じるという。しかし、日本人にとってカラオケボックスはもう物足りなく感じるかもしれない。そんな方におすすめなのが、「洋楽カラオケバー」だ。中でも毎晩多くの外国人で賑わうのが、六本木の「FIESTA《フィエスタ》」。ライブハウス並の音響設備で、カラオケでありながら、ステージ上でライブをしているような感覚で気持ちよく歌うことができる。今夜は新鮮な気分でカラオケを楽しんでみては。

1. 個室のカラオケボックスと違い、他のお客さんと親しく話せたり、一緒に歌えるのもカラオケバーの魅力 2. クリスマスパーティーなども開催しているので、イベント時に訪れるのも楽しい 3. 入場時に入場料金 3,500 円を支払う。カラオケは無料で、ドリンクチケット３枚付き。４杯目からは現金でオーダー可能。残ったチケットは次回来店時の追加チケットとして使えるのも嬉しい

ココが COOL!

スター気分を味わえる！

音響調節は、有名アーティストのレコーディングを手がける音響技術者によるもの。通信カラオケの他に海外からカラオケソフトを輸入しているので、外国語の曲数が通常のカラオケ店より豊富。オールディーズ、ロック、ジャズ、ハワイアンまで何でも揃う。ミラーボールが回りステージライトが照らすステージでは、まるでスターになったかのような気分を味わえるかも。

充実の音響設備

洋楽カラオケバー　FIESTA

住所	港区六本木 6-2-35 六本木 662 ビル B1F
TEL	03-5410-3008
営業時間	〈月～木〉19：00 ～翌 2：00 〈金・土〉19：00 ～翌 3：00
定休日	日曜日（不定休あり・HP 掲載）
アクセス	地下鉄六本木駅より徒歩１分
予約	不要
URL	http://www.fiesta-roppongi.com

上野こども遊園地
【ウエノコドモユウエンチ】

レジャー度 ★★★★★

レア度 ★★★★☆

子どもには楽しく、大人には懐かしい。そして外国人にはKAWAII ！

東京国立博物館や上野動物園などの観光スポットが集まる上野公園。その一画に、小学校の校庭半分くらいの小さな遊園地があるのをご存知だろうか。「上野こども遊園地」。昭和20年代からこの地で営業しているという。レトロでメルヘンな雰囲気に満ちた園内には所狭しと乗り物があふれ、子どもたちのキャッキャッという歓声がこだまする。「親子三代、遊びに来ているという方もいらっしゃいます」と遊園地のオーナー。日本のアニメキャラクターの乗り物の前では、外国人の家族連れも喜んでシャッターを切っている。子どもの笑顔と「KAWAII」は万国共通だ。

1. 入園料無料。全ての乗り物が 1 回 100 円。お財布にやさしい遊園地だ　2. 小さな子どもはもちろん、おじいちゃんおばあちゃんにも安心の乗り物ばかり。孫と一緒に楽しめる　3. 1 ～ 2 人用の乗り物もたくさん

絶品！ソフトクリーム

こちらの売店では、イタリアから輸入した原料を使った濃厚なソフトクリームが自慢だ。味はもちろん、サイズもビッグ！これで 300 円というから驚きだ。かき氷にはカットパインやキウイもトッピングされ、なんと 280 円！「こども遊園地」とあなどるなかれ、大人も感動する本物志向の味が待っている。券売機には英語表記もあり。

外国人には抹茶ソフトが一番人気。甘味処で食べれば 700 円くらいはしそうなかき氷が、280 円（写真右上）

上野こども遊園地

住所	台東区上野公園 8-83
TEL	03-3822-8203
開園時間	10：00 ～ 17：00
定休日	月曜日
アクセス	JR 上野駅　上野動物園入口そば

カラオケバー……………………… 122
橋楽亭…………………………………14
国立劇場………………………………22

さ

サンリオピューロランド…………96
しながわ水族館………………………76
写経・坐禅体験………………………40
春花園 BONSAI 美術館 ……18
すみだ江戸切子館……………………34
西武園ゆうえんち
フィッシングランド……… 112
銭湯………………………………… 118
増上寺…………………………………44

た

大東京綜合卸売センター…………60
凧の博物館……………………………16
玉川大師………………………………32
ちゃんこ料理…………………………52
築地市場………………………………58
デパ地下………………………………64
東京キャラクターストリート…98
東京シティビュー……………………78
鳥貴族…………………………………50

な

日暮里繊維街…………………………74
日本武道館……………………………42
日本みやげ自販機………………… 106
忍者体験…………………………… 108

は

浜離宮恩賜庭園………………………28
原宿・表参道…………………………92
びすとろ UOKIN 新橋店 ……70
福徳神社………………………………12
富士そば………………………………66
舟遊び…………………………………80

ま

まい泉 青山本店 …………………48
御岳山…………………………………82
明治神宮………………………………24
木馬館大衆劇場…………………… 114

や

谷中銀座商店街………………………62

ら

レンタル着物…………………………38
ロボットレストラン……………… 110

索引

あ

秋葉原探検……94
浅草文化観光センター……36
アミューズカフェシアター……102
アメ横商店街……56
池袋防災館……90
上野こども遊園地……124
江戸小紋 染め体験……20
江戸城跡……26
大井競馬場(東京シティ競馬)……88
奥多摩……86
お台場……104
お茶の水 おりがみ会館……30
思い出横丁……54

か

回転ずし……68
学園祭……120
かっぱ橋道具街®……84
カプセルホテル……116

「江戸楽」編集部

取材・撮影・本文
堀内貴栄　糸岡佑利子　尾花知美　宮本翼

デザイン・DTP
KAJIRUSHI

ニッポン人のためのTOKYOぶらり再発見
なぜか外国人が集まる［注目］スポット50

2015年11月15日　　第1版・第1刷発行

著　者　「江戸楽」編集部
発行者　メイツ出版株式会社
　　　　代表者　前田信二
　　　　〒102-0093　東京都千代田区平河町一丁目1-8
　　　　TEL：03-5276-3050（編集・営業）
　　　　　　03-5276-3052（注文専用）
　　　　FAX：03-5276-3105
印　刷　株式会社厚徳社

● 本書の一部、あるいは全部を無断でコピーすることは、法律で認められた場合を除き、
著作権の侵害となりますので禁止します。
● 定価はカバーに表示してあります。
© エー・アール・ティ ,2015.ISBN978-4-7804-1672-5 C2026 Printed in Japan.
メイツ出版ホームページアドレス　http://www.mates-publishing.co.jp/
編集長：折居かおる　　企画担当：折居かおる　　制作担当：千代 寧